Navid Kermani **Wer ist Wir?**

Navid Kermani

Wer ist Wir?

Deutschland und seine Muslime

Büchergilde Gutenberg

Lizenzausgabe für die Büchergilde Gutenberg,
Frankfurt am Main, Wien und Zürich
www.buechergilde.de
Mit freundlicher Genehmigung
der C. H. Beck oHG, München

Umschlagfoto: Isolde Ohlbaum, München
Reihengestaltung: Klaus Detjen, Holm
Herstellung: Thomas Pradel, Frankfurt am Main
Satz: Dörlemann Satz, Lemförde
Druck und Bindung: CPI – Ebner & Spiegel, Ulm
Printed in Germany 2009 · ISBN 978-3-7632-6245-8

Zum Gedenken an Professor Abdoldjavad Falaturi (1926–1996)

Inhalt

Grenzverkehr

GUT KANN ICH mich an den kleinen Grenzverkehr meiner Kindheit erinnern. Auf dem Berg, auf dem wir lebten, war ich, soweit ich es wahrnahm, der einzige Ausländer. Es gab außer meinem Namen und meinen schwarzen Haaren nichts, was mich im Kindergarten oder in der Grundschule, auf der Straße und unter Freunden als Fremden markiert hätte. Sogar mein Deutsch hatte die Melodie und das rollende R unserer Mittelgebirgslandschaft. Wenn ich jedoch nach Hause kam, war es, als ob ich eine Grenze überschritten hätte. Von einem Schritt auf den anderen Schritt wechselte die Sprache, änderten sich meine Verhaltensweisen, folgte ich anderen Benimmregeln und war, ohne es zu reflektieren oder gar als problematisch zu empfinden, umgeben von Formen, Gerüchen, Geräuschen, Menschen und Farben, die es jenseits der Türschwelle nicht gab.

Für mich war sie so gewöhnlich wie meine eigene Haut, aber auf meine Freunde übte diese Welt, wenn ich mich nicht täusche, eine Faszination aus, die sich darin äußerte, daß sie es in der Regel vorzogen, bei uns zu spielen. Vielleicht war es die Neugier, die das Fremde weckte, vielleicht waren es nur die anderen, für uns Kinder laxeren Gesetze, die in unserer Welt herrschten. Es gab keine verbotenen Räume, keine festgelegten Essenszeiten, keine Eltern, die sich in alles einmischten, nur ein paar Brüder, die schon deshalb nicht störten, weil sie älter waren und mit lauter spannenden Angelegenheiten beschäftigt: Freundinnen, Feten, Fußball, Rockmusik. Ansonsten waren Haus und Garten unser. Ich weiß nicht und habe damals auch nicht darüber nachgedacht, ob die Verhältnisse bei uns typisch persisch waren, aber sie waren anders als bei meinen Freunden, und das spürten diese so gut wie ich. Mit diesem Bewußtsein, daß es drinnen und draußen, jenes und dieses gibt, bin ich großgeworden, und ich habe heute das anmaßende Gefühl, meinen Freunden in dieser Hinsicht etwas vorausgehabt zu haben. Ich brauchte niemals Aufklärung darüber, daß das, was ist, nicht alles ist.

Nun waren die Welten nicht so streng geschieden, wie man vermuten könnte. Es gab Einschulungen und Kindergeburtstage, Elternsprechtage und Besuche meiner Eltern auf dem Fußballplatz, und bei all diesen Gelegenheiten waren die Trennlinien aufgehoben, ich sprach Deutsch und im nächsten Satz, wenn ich mich zu meinen Eltern wandte, Persisch in meinem siegerländisch-isfahanischen Akzent. Gelegentlich war das ein bißchen komisch, aber für mich eben dennoch normal: Zum Beispiel sieze ich meine Eltern auf persisch, was im Deutschen nicht mehr möglich ist, ohne sich lächerlich zu machen. Also versuchte ich damals schon zu vermeiden, meine Eltern auf deutsch anzusprechen; ich sprach zwar, wenn meine Freunde dabei waren und es sein mußte, mit ihnen deutsch, aber ich redete sie nicht an; ich suchte andere, indirekte Formulierungen, denn andernfalls hätte ich sie duzen müssen, und das wäre mir unangenehm gewesen. Aber siezen konnte ich sie natürlich auch nicht, zumal nicht im Beisein von meinen Freunden. Wie hätten sie mich denn angeschaut, wenn ich gesagt hätte: Vati, bitte holen Sie mich um drei vom Fußballplatz ab? Es war nicht, daß ich es als Zwang empfand, meine Eltern zu siezen; daß ich sie duzen wollte, aber es nicht gedurft hätte. Es war für mich so normal, wie es normal ist, zum Schlafengehen einen Schlafanzug anzuziehen. Es war mir auch nicht peinlich, und so habe ich kein Geheimnis daraus gemacht, daß ich meine Eltern siezte; ich kann mich erinnern, es ein paarmal meinen Freunden erzählt zu haben, als Kuriosität, nicht als Geständnis. Und das Kuriose entstand, wenn ich es mir heute versuche deutlich zu machen, eben dadurch, daß sich die beiden Räume, von denen ich sprach – das Innen und das Außen –, durch die Anwesenheit meiner Eltern auf dem Fußballplatz oder dem Schulhof ineinandergeschoben hatten und ich nun die beiden Verhaltenskodexe oder Umgangsformen, die normalerweise strikt voneinander geschieden waren, gleichzeitig anwenden mußte. Das war nicht der normale Zustand, aber es war auch nicht schlimm. Es war ab und zu nur ein wenig kurios.

Ich will nicht behaupten, daß ich meine Fremdheit niemals als Problem empfunden hätte. Aber es war, wenn überhaupt, kein besonders großes Problem. So war ich beispielsweise niemals so ordentlich wie die anderen Kinder, und das hatte etwas mit meinen Eltern zu tun, das spürte ich. Mein Ranzen zum Beispiel war niemals so systematisch gepackt wie die Ranzen der anderen Kinder, meine Hefte waren nicht so sorgsam gepflegt, und niemals hatte ich so schöne Brotzeitdosen wie meine deutschen Freunde. Mein Butterbrot hatte meine Mutter immer in kleine Plastiktüten gepackt, die sie vom Einkaufen mitgebracht hatte, also zum Beispiel aus der Apotheke oder der Drogerie. Ich erwähnte bereits, daß wir zu Hause keinen so minutiös geregelten Alltag hatten wie meine Freunde, und was ich normalerweise gut fand, daß ich nämlich mehr Freiheiten hatte als sie, das empfand ich gelegentlich auch als Nachteil. Ich hätte auch gern so ordentlich geschmierte, wie mit dem Lineal abgeschnittene Butterbrote und nagelneue Brotzeitdosen gehabt, aber das von meiner Mutter zu erwarten war völlig unrealistisch, und das hatte wohl auch damit zu tun, daß wir aus einer anderen Kultur stammen, in der eine solche Ordnung und

Ordentlichkeit, diese klinische Reinlichkeit und feste Regelung des Tagesablaufs unbekannt sind. Es gab also durchaus Momente, in denen mir mein Fremdsein als etwas Hinderliches auffiel, doch waren sie nicht sonderlich gravierend. Als Siebenjähriger hielt ich die Geometrie von Butterbroten für wichtig, aber nicht für existentiell.

Daß Menschen gleichzeitig mit und in verschiedenen Kulturen, Loyalitäten, Identitäten und Sprachen leben können, scheint in Deutschland immer noch Staunen hervorzurufen – dabei ist es kulturgeschichtlich eher die Regel als die Ausnahme. Im Habsburger oder im Osmanischen Reich, bis vor kurzem in Städten wie Samarkand oder Sarajewo, heute noch in Isfahan oder Los Angeles waren oder sind Parallelgesellschaften kein Schreckgespenst, sondern der Modus, durch den es den Minderheiten gelang, einigermaßen unbehelligt zu leben und ihre Kultur und Sprache zu bewahren. Ohne sie gäbe es vermutlich keine Christen mehr im Nahen Osten, und ihr heutiger Exodus hat viel mit dem verhängnisvollen Drang mal der Mehrheitsgesellschaft, mal der Staatsführer, mal von ein paar hundert Terroristen zu tun, Einheitlichkeit herzustellen und kulturelle Nischen auszumerzen.

Dieser Drang ist nicht auf die islamische Welt, den Balkan oder Schwarzafrika beschränkt, sondern hat sogar das Mutterland des Multikulturalismus erfaßt: Indien. 2002 sind im indischen Bundesstaat Gujarat bei Ausschreitungen 2500 Muslime ums Leben gekommen. Eigentlich waren es keine Ausschreitungen; wie sich herausgestellt hat, war es ein präzise vorbereitetes, gut organisiertes Massaker. Nun läßt sich in Indien mit Geld und Alkohol relativ leicht ein Mob aufhetzen, Gewaltausbrüche sind also nicht so ungewöhnlich. Ungewöhnlich war das Ausmaß der Gewalt, vor allem aber die Tatsache – und die indische Presse spricht inzwischen von einer Tatsache –, daß die Regierung in Gujarat das Massaker aktiv gefördert hat. So sah die Polizei der Gewalt tagelang tatenlos zu, schlimmer noch: trieb sie an vielen Orten Menschen, die fliehen wollten, zurück in den Mob. Parlamentsabgeordnete der Regierungspartei BJP, sogar Kabinettsmitglieder gaben per Handy Anweisungen, welches muslimische Viertel als nächstes überfallen werden sollte. Die Verfahren gegen die Beteiligten verliefen sämtlich im Sande.

Die BJP ist keine kleine extremistische Partei, sondern regiert zahlreiche indische Bundesstaaten und hat bis vor kurzem auch in der Hauptstadt Delhi den Ministerpräsidenten gestellt. Nach den nächsten Parlamentswahlen könnte sie wieder an die Regierung kommen. Neben der säkularen Kongreß-Partei ist die BJP, die man mit gutem Grund fundamentalistisch nennen kann – indische Intellektuelle wie Arundhathi Roy bezeichnen sie sogar als faschistisch –, die zweite politische Kraft des Landes. Wenn man die Nachrichten liest, könnte man daher meinen, Indien werde akut vom Extremismus bedroht. Der Eindruck im Land ist ein völlig anderer. Natürlich gibt es Extremisten, und in einem Bundesstaat mit immerhin 60 Millionen Einwohnern, in Gujarat, stellen sie sogar die Regierung. Die Situation der religiösen Minderheiten dort, auch der Christen, ist weiterhin trostlos. Aber der Extremismus prägt nicht das Lebensgefühl der Inder und wäre bei nationalen Wahlen nicht mehrheitsfähig. Noch immer sind die Trennungslinien zwischen Hinduismus, Islam und anderen Religionen in der Regel weit durchlässiger, als es sich religiöse Führer in Kairo oder Rom je werden ausmalen können. Selbst die BJP ist als Ganze nicht einfach nur fundamentalistisch, sondern in weiten Teilen eine zwar konservative, aber pragmatische und vor allem wirtschaftsliberale Partei. Die gleiche BJP, die in Gujarat ein Massaker gegen Muslime ideologisch vorbereitete und praktisch unterstützte, hat in Delhi 2002 einen Muslim zum Staatspräsidenten gewählt. Selbst diejenigen Politiker der BJP, die 2002 hinter dem Massaker standen, geben sich heute gemäßigt – wahrscheinlich nicht, weil sie sich geläutert haben, sondern weil sich mit radikalen hinduistischen Parolen keine Wahlen gewinnen lassen, nicht einmal mehr in Gujarat. Was ich auf meinen Reisen in Indien vorgefunden habe, war nicht die Ausbreitung einer aggressiv-fundamentalistischen Ideologie, sondern etwas viel Unscheinbareres, das gleichwohl in seiner Bedeutung nicht zu unterschätzen ist: die Entdeckung und Konstruktion dessen, was als das Eigene gilt, das Bestreben nach kultureller Homogenität und Reinheit, die Rückbesinnung auf die eigenen Werte.

Wir nehmen den Fundamentalismus und überhaupt die Rückkehr der Religionen in der Regel nur dann wahr, wenn sie mit politischen Forderungen auftreten oder gar mit physischer Gewalt. In der Breite ist der Fundamentalismus seit seinen Anfängen im frühen zwanzigsten Jahrhundert bis heute überall – sei es im Nahen Osten, in Südasien oder den Vereinigten Staaten – eine Bewegung, die den einzelnen einbindet in die klar umrissene Ordnung eines Kollektivs, das streng unterschieden ist von anderen Kollektiven. Das muß keine aggressive Unterscheidung sein. Fundamentalistische Lebensentwürfe sind attraktiv, weil sie die Menschen mit dem versorgen, was ihnen in der modernen, globalisierten Welt am meisten fehlt: Eindeutigkeit, verbindliche Regeln, feste Zugehörigkeiten – eine Identität.

Seinem ganzen Ursprung und seiner Unabhängigkeitsbewegung nach ist Indien ein Staat, der sich gerade nicht durch die Homogenität, sondern die Vielfalt und Unterschiedlichkeit seiner Kulturen, Sprachen und Religionen definiert. Aber plötzlich achten Fernsehsender auf die religiöse Unbedenklichkeit ihrer Programme und werben abgeschlossene Wohnsiedlungen damit, daß in ihnen »das harmonische Leben, wie es in den Veden und Vedantas vorgeschrieben ist«, zurückgekehrt sei. Das Lebensgefühl, das sich in solchen Anzeigen ausdrückt, ist nicht durch Haß bestimmt, der sich auch kaum mit den Wunschbildern vertrüge, die die moderne Werbeindustrie produziert, sondern eher durch Selbstvergewisserung, Wertverbundenheit und

Frömmigkeit. Entgegen der emphatischen Säkularität der indischen Staatsgründer und der urwüchsigen Multikulturalität des Subkontinents, von der Europa auch heute noch lernen könnte, sehnen sich immer mehr Inder nach einer hinduistischen Leitkultur, innerhalb der Muslime und Christen durchaus Filmstars werden können, Wirtschaftsführer oder sogar Spitzenpolitiker. Aber ihren Glauben sollten die Filmstars und Spitzenpolitiker nun nicht gerade öffentlich praktizieren, wohingegen die hinduistische Prominenz sich noch in jeden Pilgerzug einreiht, der gerade von einer Fernsehkamera gefilmt wird.

Wie vertraut mir diese Entwicklung war! Wenn ich mit Geschäftsleuten sprach, die ihre Religion wiederentdeckt hatten, Debatten verfolgte über die Bedrohung der eigenen Kultur, in Illustrierten blätterte, in denen Fernsehstars ihre Frömmigkeit anpriesen, oder nur durch die Städte streifte, vor allem durch bürgerliche Viertel, wähnte ich mich manchmal in Ägypten oder Indonesien oder mitten in den Vereinigten Staaten – die gleichen bigotten Werbesprüche, die gleichen religiösen Fernsehsender, derselbe Typus des modernen Predigers, adrett und frohgemut, die gleichen Läuterungsromanzen und Bekenntnisse der Filmsternchen zur Größe und Wahrheit der eigenen Kultur. Und immer wieder die Beteuerung, man habe nichts gegen andere Menschen oder Religionen, man besinne sich eben nur auf die eigene.

Identität ist *per se* etwas Vereinfachendes, etwas Einschränkendes, wie jede Art von Definition. Es ist eine Festlegung dessen, was in der Wirklichkeit vielfältiger, ambivalenter, durchlässiger ist. Das ist zunächst nicht schlimm, sondern ein ganz normaler Vorgang. Ich sage von mir: Ich bin Muslim. Der Satz ist wahr, und zugleich blende ich damit tausend andere Dinge aus, die ich auch bin und die meiner Religionszugehörigkeit widersprechen können – ich schreibe zum Beispiel freizügige Bücher über die körperliche Liebe oder bejahe die Freiheit zur Homosexualität. Das ist ein Widerspruch. Der Islam lehnt die

Homosexualität ab, und Erzählungen über Sex legt der Koran auch nicht eben nahe. Wahrscheinlich ließe sich eine Interpretation konstruieren, welche die Homosexualität oder die Schilderung sexueller Handlungen islamisch legitimiert. Aber das beschäftigt mich nicht. Nicht alles, was ich tue, steht in bezug zu meiner Religion. Für mich selbst bin ich durch solche Handlungen und Bekenntnisse in meinem Muslimsein überhaupt nicht eingeschränkt. Das mag sich paradox anhören, aber mit dieser Religiosität bin ich aufgewachsen, mit all diesen Ambivalenzen, Brüchen, Widersprüchen. Gut, keiner meiner Vorfahren hat, soweit ich weiß, Erzählungen über Sex geschrieben, aber dafür hatten sie andere Angewohnheiten, die nun auch nicht sämtlich im Einklang mit der reinen Lehre standen. Manche meiner älteren Verwandten hielten zum Beispiel streng ihr Ritualgebet ein, verzichteten deswegen aber nicht auf den abendlichen Wodka. Niemand wäre auf die Idee gekommen, einem Muslim, der auch Alkohol trinkt, die Zugehörigkeit zum Islam streitig zu machen. Genausowenig hätte jemand den Alkoholkonsum islamisch begründet. Wenn etwas fehlte, war es Eindeutigkeit.

Der Fundamentalist würde sagen: Das darf nicht sein, der Muslim ist so oder so, alle anderen sind keine Muslime. Und der deutsche Fernsehexperte sagt mir: Sie sind ja gar kein »echter«, sondern zum Glück nur ein »gemäßigter« Muslim, denn ein echter Muslim lehnt die Demokratie ab, will die Einheit von Staat und Religion und nimmt den Koran als Gottes unverrückbares Gesetz. Dem würde ich erstens entgegnen, daß ich meinen Glauben sehr wohl als »echt« empfinde. Zweitens würde ich den Fundamentalisten und seinen deutschen Experten bitten, sich einmal in einem islamischen Land umzuschauen (es muß nicht gerade Saudi-Arabien sein). Man könnte die islamische Kultur, die Poesie, die Architektur, die Mystik, gerade durch den Widerspruch definieren, in dem sie zur sogenannten reinen Lehre steht – aber auch dadurch, daß dieser Widerspruch möglich ist und ausgehalten wird, genau wie in allen anderen Kulturen, nicht zuletzt der abendländischen: Man muß sich nur einmal in der Sixtinischen Kapelle umsehen, um staunend zu bewundern, welch scheinbar unchristliche Sinnenfreude und pralle Lüsternheit der Katholizismus nicht nur hinnimmt, sondern in sein eigenes Zentrum rückt. Genauso wie der Islam ist das Christentum immer auch das Gegenteil von dem, was diese oder jene Gelehrten als christlich definieren.

Ich bin Muslim, ja – aber ich bin auch vieles andere. Der Satz »Ich bin Muslim« wird also in dem Augenblick falsch, ja geradezu ideologisch, wo ich mich ausschließlich als Muslim definiere – oder definiert werde. Deshalb stört es mich auch, daß die gesamte Integrationsdebatte sich häufig auf ein Für und Wider des Islams reduziert – als ob die Einwanderer nichts anderes seien als Muslime. Damit werden alle anderen Eigenschaften und Faktoren ausgeblendet, die ebenfalls wichtig sind: woher sie stammen, wo sie aufgewachsen sind, wie sie erzogen wurden, was sie gelernt haben.

Ich habe bereits angedeutet, daß ich mir in der Schule oder unter Freunden zwar meines Andersseins bewußt war, ebenso wie es meinen Freunden bewußt war, daß ich aus einem anderen Land stammte. Aber es war für mich nicht eben sensationell oder gar beunruhigend; ich fühlte mich deswegen nicht unwohl oder gar benachteiligt, oder anders gesagt: Mein Fremdsein war eine Information, kein Zustand. Es gab kaum etwas in meinem Verhalten, durch das ich mich von den anderen Kindern unterschied, oder jedenfalls sehr wenig, was ich damit in Verbindung brachte, Ausländer zu sein.

Das war in der Schule so, aber es war nicht überall so. Mit sechs Jahren trat ich in den Fußballverein ein, in dem ich bis zum Abitur kontinuierlich spielte; zweimal die Woche Training, am Wochenende ein Meisterschaftsspiel. Im nachhinein muß ich sagen, daß dies eine der wichtigsten, prägendsten Erfahrungen meines Lebens war. Im Fußballverein lernte ich eine

Welt kennen, die mir neu war – er war meine erste Fremde: Ich bin in einem sozialen Umfeld der oberen Mittelschicht großgeworden; die meisten Kinder in meiner Nachbarschaft und in meiner Grundschule stammten aus verhältnismäßig begüterten Elternhäusern. Sie waren nicht durchweg reich, doch wohnten auch so gut wie keine Arbeiterkinder bei uns, keine Kinder von Arbeitslosen, keine armen Leute und entsprechend keine »Gastarbeiter«. Die wenigen Ausländer, die ich kannte oder die mir in meiner Nachbarschaft begegneten, waren wie wir allesamt Angehörige iranischer Arztfamilien. In der Fußballmannschaft dagegen war ich der einzige, der in einem eher wohlhabenden Viertel wohnte. Das heißt, alle Vereinskameraden gehörten einer anderen sozialen Schicht an. Ohne daß ich ihn hätte benennen können, spürte ich diesen Unterschied. Zum Beispiel war der Umgangston rauher, und die Eltern der anderen fuhren keinen Mercedes Benz, sondern einen Opel Rekord oder einen Renault vier. Das Mindeste, was ein Familienvater bei uns auf dem Berg fuhr, war ein Opel Senator; das Höchste, was die Väter meiner Vereinskameraden fuhren, war ein Ford Taunus – wenn sie überhaupt ein Auto besaßen. Als Erwachsener mag man das seltsam finden, aber für mich als Sechsjährigen war es wichtig zu erfahren, daß ein Auto keineswegs eine Selbstverständlichkeit war und es Kinder gab, deren Eltern kein Auto besaßen. Und diese Kinder, mit denen ich normalerweise nie etwas zu tun gehabt hätte, wurden durch den gemeinsamen Spaß am Fußball zu Kameraden, die ich zu Hause besuchte oder die mich in unserem Einfamilienhaus besuchten. Allerdings hat das eine Zeit gebraucht, und der Wohlstand meiner Eltern war im Fußballverein jedenfalls nicht von Vorteil; er war mir eher peinlich, weil ich zum ersten Mal das Gefühl hatte, einer Gruppe nicht wirklich anzugehören, wenigstens am Anfang

Normalerweise fuhr meine Mutter mich zum Training oder samstags zu den Spielen oder zumindest zum Treffpunkt, von wo wir zu den Auswärtsspielen aufbrachen; da fiel der Unterschied nicht so auf, weil meine Mutter einen Volkswagen fuhr. Aber wenn mein Vater mit seinem Benz vorfuhr – das war schon seltsam. Es gab außerdem bestimmte Wörter oder Sätze, die ich zwar kannte, aber selbst nicht gebrauchte. Es war auch eine bestimmte Diktion, die die anderen beherrschten und ich nicht, sie waren viel forscher als ich oder, so kam es mir vor, männlicher, wie echte Kerle. Wenn ich auf dem Platz nicht gut mitgehalten hätte, hätte ich rasch Probleme bekommen. Zum Glück spielte ich recht gut. Ich hatte meinen Stammplatz und wurde deswegen von den anderen akzeptiert. Es gab immer zwei oder drei unter uns, die nicht besonders anerkannt waren und deswegen auch nicht lange blieben; es waren immer diejenigen, die auch auf dem Platz nicht mithielten. Das heißt, die soziale Anerkennung wurde im wesentlichen durch die Leistung auf dem Platz definiert; das war bisweilen hart, aber es war nicht ungerecht, schließlich waren wir Fußballer. Ich fühlte mich also nicht als Außenseiter und wurde wegen meiner sozialen Herkunft denn auch, sobald ich einmal in die Gruppe aufgenommen worden war, keineswegs geschnitten. Aber dennoch blieb ich fremd, und zwar nicht, weil ich aus einem muslimischen, sondern weil ich aus einem sozial gutgestellten Elternhaus kam. Wenn ich den einen oder anderen aus meiner Mannschaft besuchte, war das für mich wie eine Reise ins Ausland.

Oft wird beklagt, wie wenig sich die Muslime in die deutsche Gesellschaft einbringen wollen. Wer beobachtet hat, wie schlecht viele türkische Kinder bei der Einschulung Deutsch sprechen, oder die Situation vieler türkischer Mütter kennt, die am öffentlichen Leben kaum teilhaben, wird diese Kritik nicht einfach als ausländerfeindlich abtun können. Aber die Gründe dafür erscheinen mir zumindest teilweise recht einfach: Die meisten Muslime in Deutschland, also die meisten Türken, stammen – jedenfalls in der Einwanderergeneration – aus ländlichen, wenig entwickelten Gebieten; ihre Auswanderung nach

Deutschland war vielfach eine Zeitreise. Die Schwierigkeiten, sich in einer städtischen, industrialisierten Welt einzugewöhnen, sowie die Abwehrmechanismen, mit denen sie auf diese Schwierigkeiten reagieren, sind zu einem großen Teil die gleichen, die als Folge der Landflucht überall in den Metropolen der islamischen Welt zu beobachten sind.

Nicht alle, aber doch ein großer Teil der Probleme, die im Zusammenleben mit Muslimen auftauchen – Parallelgesellschaften, Bildungsgefälle, die Benachteiligung der Frau –, sind nicht nur theologisch zu erklären, sondern haben soziale Gründe. Das bedeutet auch, daß diese Probleme weit unscheinbarer wären, stammte das Gros der muslimischen Einwanderer aus den Städten. So wird immer wieder verwundert vermerkt, daß Migranten aus dem Libanon oder aus Iran, deren Zahl weltweit mehrere Millionen beträgt, häufig in die Bildungs- oder Wirtschaftseliten ihrer neuen Heimat vorstoßen. In Deutschland und anderen westlichen Ländern dürften etwa die Iraner unter allen Bevölkerungsgruppen den höchsten Anteil an Akademikern aufweisen. Das liegt gewiß nicht an ihrer überdurchschnittlichen Intelligenz (wie mir meine iranischen Landsleute gern versichern) oder an einem etwaigen Abfall vom Glauben (wie meine deutschen Landsleute oft meinen, wenn sie diejenigen Muslime, die ihren Glauben nicht an äußerlichen Zeichen oder Regeln festmachen, als areligiös wahrnehmen); es liegt einfach daran, daß sie bereits in der alten Heimat Angehörige jener privilegierten Schicht waren. Daß sie kaum Schwierigkeiten haben, sich an die neue Umgebung anzupassen, ist kein Wunder, wenn man ihre alte Umgebung kennt; sie ist der neuen ziemlich ähnlich.

Als ich ein Kind war, fuhren wir im Sommer oft nach Isfahan zu meinen Verwandten. Weil wir das schon immer getan hatten, war es für mich so normal, wie es für andere normal war, den Sommer an der Nordsee zu verbringen. Weder hatte ich das Gefühl, in meine Heimat »zurückgekehrt« zu sein, noch fühlte ich mich fremd. Die Umgangsformen und Gewohnheiten bei meinen Verwandten waren im großen und ganzen dieselben wie in meinem Elternhaus in Deutschland; das gilt sowohl für den Respekt vor den Älteren, der für uns Kinder zwingend war, wie auch den längst nicht so minutiös geregelten Tagesablauf und die Freiheiten, die wir als Kinder genossen. Heute weiß ich, daß die Vertrautheit auch mit dem sozialen Milieu meiner Verwandtschaft zu tun hatte; meine Onkel waren alle Mediziner oder ähnliches. Ich hielt mich nach wie vor in der oberen Mittelschicht auf; es gab Eßtische, Sofas, Kinderzimmer, Stereoanlagen, Tiefkühltruhen, Teppichböden, Pommes Frites, Big Jim-Puppen. Ich lebte in einer sehr ähnlichen Umgebung wie zu Hause in Deutschland. Aber wenn wir in der Stadt unterwegs waren, im Basar, in den Vorstädten, das war eine andere Welt. Die Handwerker, die Händler, die kleinen Jungen mit ihren löchrigen Schuhen – das einzige, was ich mit ihnen teilte, war die Sprache. Besonders drastisch empfand ich den Unterschied, wenn wir freitags auf unser Landgut fuhren. Jedesmal überraschte es mich von neuem, daß im Haus unseres Verwalters keine Möbel standen. Alle saßen auf dem Teppich. Er hatte zwar Kinder in unserem Alter, aber daß wir mit ihnen hätten spielen können, wäre uns niemals eingefallen. Dort war ich im Ausland – aber nicht nur ich, sondern auch meine Cousins und Cousinen aus dem Bürgertum Isfahans. Das war eine ähnliche Situation wie damals, als ich in den Fußballverein kam, nur viel extremer, weil die sozialen Unterschiede in Iran extremer sind als in Deutschland.

Weshalb erzähle ich das? Weil ich sagen will, daß es andere Unterschiede gibt, die in den meisten Fällen gravierender sind als die Hautfarbe oder die Religion. Und weil ich denke, daß zum Beispiel Arm oder Reich, Stadt oder Land, Gebildet oder Ungebildet Kategorien sind, durch die Menschen, wenn sie nicht eben in einem rassistischen Staat leben, mehr voneinander getrennt, benachteiligt oder bevorzugt werden als durch die Nationalität oder den Glauben. Ich behaupte nicht, daß es keine kulturellen Konflikte gibt, aber ich meine, daß die größte Bruchstelle in einer Gesellschaft und zwischen verschiedenen Gesellschaften weiterhin die ökonomische ist – selbst wenn soziale Konflikte immer häufiger in einem kulturellen oder religiösen Vokabular ausgedrückt werden. Der geistige, soziale und sogar religiöse Horizont einer bürgerlichen Familie in Rabat, Kuala Lumpur oder Rio de Janeiro – die Bücher, die Musik, die Filme und Fernsehprogramme, die Themen, die im Privaten diskutiert werden, die Autos und U-Bahnen, die politischen Fanatismen, die Drogen, die Berufe, die Geschlechterverhältnisse und mittlerweile sogar die Mahlzeiten – ist dem Horizont einer europäischen Familie gleichen sozialen Ranges näher als dem eines Bauern oder Slumbewohners, der ein paar Autominuten entfernt lebt. Das ist nicht zum Lob der Stadt und des technischen Fortschritts gesagt, im Gegenteil: Der Befund impliziert ein Maß an Nivellierung, das die frühen Schreckensbilder der Kulturindustrie und des modernen Herdendaseins als geradezu romantisch erweist. Er übersieht auch nicht, daß der politische Extremismus, mag er national, sozialistisch oder religiös verbrämt sein, fast immer in den Metropolen entstanden und stark geworden ist. Das gilt im besonderen für den Islamismus, dessen Anhänger in der Regel nicht weniger von der westlichen Kultur geprägt sind, als ihre säkularen Widersacher und dessen intellektuelle Führer sich häufig genug direkt auf gegenaufklärerische und postmodernistische Autoren des Westens beziehen. Vermutlich verstärkt die Angleichung der Lebensmodelle gerade das Bestreben, auf den verbliebenen oder auch nur vorgestellten Eigenheiten zu pochen.

Natürlich neigen wir zu Bestimmungen, Einordnungen, also: Identifikationen. Jemand anders identifiziert mich als Muslim oder im Gegenteil dadurch, daß ich aus seiner Sicht doch gar kein echter Muslim bin, da ich dieses oder jenes tue, was aus seiner Sicht dem Islam widerspricht. Den Widerspruch leugne ich auch gar nicht. Ich sage nur: So widersprüchlich sind wir alle. Jede Persönlichkeit setzt sich aus vielen unterschiedlichen und veränderlichen Identitäten zusammen. Man stelle sich nur einmal vor, man würde in allem, was man tut, denkt, fühlt, Deutscher sein, nur als Deutscher agieren, essen, lieben – das wäre doch ziemlich grauenhaft.

Sich mit diesem oder jenem zu identifizieren ist also ein normaler Vorgang. Gefährlich wird es, sobald eine einzige Identität bestimmend wird, sobald man nur noch Muslim ist, Christ, Deutscher, Iraner oder meinetwegen Anhänger eines bestimmten Fußballclubs oder eines Popstars. Dann wird aus der pragmatischen Einschränkung, die jede Art von Identifizierung bedeutet, eine reale Verstümmelung der Persönlichkeit. Bedenklicher noch: Identitätsfindung funktioniert grundsätzlich über die Abgrenzung von anderen Identitäten. Es gibt das eigene nur, wo es etwas anderes gibt. Auch das ist zunächst ein normaler Vorgang. Und doch liegt eben hier, in der Konstruktion dessen, was man selbst ist, und der Abgrenzung von dem, was andere sind, ein Gewaltpotential. Die Armenier im Iran zum Beispiel, die sich selbstverständlich als Iraner begriffen hatten, sahen sich mit der Etablierung eines Islamischen Staates urplötzlich damit konfrontiert, aus dieser iranischen Identität ausgeschlossen zu sein. Gewiß betonten die neuen Führer, daß Juden und Christen alle Rechte genössen – aber nun waren es Minderheitenrechte. Die Nation selbst definierte sich über den Islam.

Ähnlich geschieht es mit den Muslimen im Hindu-Nationalismus. »Wir haben nichts gegen Muslime« – immer wieder habe ich das in Indien gehört. Aber plötzlich ist da ein indisches »Wir«, das nichtmuslimisch ist, und ein muslimisches »Sie«, gegen das wir nichts haben. Diese Muslime fühlten sich bis gestern genauso als Inder wie die Hindus. Und wie oft höre ich in Deutschland, daß »wir« nichts gegen Muslime haben. Oder alle möglichen Talksendungen zum Islam: Wie können

»wir« mit dem Islam umgehen, müssen »wir« Angst haben vor den Muslimen? Daß zu diesem »Wir« auch Muslime gehören könnten, scheint den Talkgästen beinahe undenkbar zu sein. Es ist gar nicht einmal böse gemeint, jedenfalls nicht immer. »Wir« Deutsche müssen Dialog führen mit den Muslimen, sagen die Gutwilligen. Das ist löblich, nur bedeutet es für etwa drei Millionen Menschen in diesem Land, daß sie den Dialog mit sich selbst führen müßten.

Eine bürgerliche Ideologie

Wer im »HyperOne« einkauft, muß ein Auto besitzen. Wie die anderen Malls, die rund um Kairo entstehen, liegt auch *HyperOne* an einer achtspurigen Ausfallstraße, auf die sich keiner der Eselskarren traut, die im Zentrum noch zum Stadtbild gehören. Die meist ziemlich schäbigen Modelle auf dem Parkplatz zeigen an, daß es oft das erste Auto ist. Das ist von außen die eine Besonderheit, die andere ist die futuristische Moschee, die an den quadratischen Komplex angegliedert ist. In Amerika fangen sie an, die Malls mit Kirchen auszustatten, in Indien mit Tempeln, auch dieser Unterschied hebt sich auf, genauso wie die Autos, die gewiß nach und nach schicker werden. Einkaufstempel trifft es wie nirgends: hier ist Erlösung, der Eintritt in die Welt hinter dem Fernsehbildschirm. Vor der Mall steht haushoch die Skulptur eines Einkaufswagens. Fast alle Frauen sind tief verschleiert, viele Männer tragen Bart. Auf dem Parkplatz wirbt die Biermarke Stella auf Leuchttafeln für Malzbier. Die südamerikanisch anmutende Fahrstuhlmusik wird für den Gebetsruf unterbrochen.

Man liest oft oder sagt leicht, die Armen, die Ungebildeten neigten der religiösen Besinnung zu; der Fundamentalismus sei Ausdruck von Benachteiligung, Unterdrückung, sozialer Deklassierung, Unwissen. Meine Wahrnehmung ist eine andere. Gewiß, der Mob, der an Ausschreitungen gegenüber der religiösen Minderheit beteiligt ist, an Lynchmorden oder etwa Protesten gegen Karikaturen in einem fernen Land wie Dänemark, setzt sich aus Menschen unterer Schichten zusammen. Aber die Ideologie solcher Proteste ist eine bürgerliche. Auch die Terroristen – also diejenigen Menschen, die nicht spontan agieren, sondern sich bewußt für die Gewalt entscheiden als Mittel der politischen Auseinandersetzung – stammen fast immer aus den Mittelschichten. Die Ärmeren liefern die Legitimation und mögen als Fußvolk hier und dort zu mobilisieren sein – meist mit Geld, manchmal mit Alkohol, immer mit dem Argument, daß die anderen schuld seien an ihrer Misere –, aber wenn ich durch die traditionellen oder einfacheren Viertel gehe oder auf dem Land unterwegs bin, ob in Ägypten, Indien oder Indonesien, hat sich nicht viel verändert. Dort waren die Menschen schon immer religiös, und man findet dennoch allerorten die gleiche Gastfreundschaft, die Herzlichkeit gegenüber Fremden.

Die Kopftücher, um bei den islamischen Ländern zu bleiben, sind nicht in den Dörfern zahlreicher geworden, sondern in den Hochhäusern und Suburbs, den Shopping Malls und bei McDonald's. Das gleiche gilt für die Moralvorstellungen: Nicht die Bäuerinnen sind prüder geworden, sondern die Geschäftsfrauen; nicht die Gewerkschaften fordern plötzlich, daß alle freizügigen Darstellungen in der Literatur verboten werden sollen, bis hin zu *Tausendundeiner Nacht,* sondern die Anwaltskammer oder die Universitäten. Das evangelikale Christentum, das sich auf dem gesamten amerikanischen Kontinent ausbreitet – in einigen Jahren werden mehr Südamerikaner charismatischen Gemeinschaften angehören als der katholischen Kirche –, hat seine stärkste Anziehungskraft ebenfalls nicht auf die sogenannten einfachen Menschen, sondern auf Angestellte und Lehrer, Hausfrauen und Geschäftsleute. Und so besinnen sich auch in Indien paradoxerweise vor allem die Mittelschichten auf ihre eigene Kultur, also jene Menschen, deren Leben am stärksten durch die Globalisierung verändert wird.

Das bedeutet, daß just mit der Auflösung festgefügter Identitätsmuster, wie sie die Globalisierung mit sich bringt, offenbar der Drang entsteht, sich an etwas festzuhalten, was als Eigenes, als Merkmal, das einen von anderen unterscheidet, zu reklamieren wäre. Man kehrt zurück zu dem, was man früher zu sein glaubte, aber im eigenen Leben nie war. Tatsächlich kehrt man nicht zurück, denn man selbst hatte an dieser Kultur nie teilgehabt, nicht einmal die Eltern oder Großeltern. Die reine, überlieferte, ursprüngliche, eindeutige und widerspruchsfreie Lebensweise, wie sie alle Fundamentalismen für sich in Anspruch nehmen, hat es in dieser Reinheit nie gegeben. Sie ist ein Konstrukt.

Ich schrieb, daß die Rückkehr zu den Wurzeln vor allem in den Mittelschichten zu beobachten ist, deren Leben am stärksten den Veränderungen und fremden Einflüssen der globalisierten Welt ausgesetzt ist. Man kann aber noch weiter gehen: In all den Ländern verträgt sich diese autoritäre, wenn auch unpolitische neue Frömmigkeit nicht nur mit einer äußerst liberalen Wirtschaftsordnung; sie scheint ökonomisch sogar beinahe zwingend mit Marktliberalismus einherzugehen. Am deutlichsten zu beobachten ist das in Saudi-Arabien, wo einerseits die strengste puritanische Auslegung des Islams herrscht, andererseits aber ein Glaube an Kapitalismus, Konsum und technologischen Fortschritt, gegen den die FDP wie eine Partei von Altleninisten wirkt. Ausgerechnet neben der Kaaba entsteht derzeit die größte Shopping-Mall des gesamten Mittleren Ostens. Alle Marken des globalen Konsumenten werden mit ihren Filialen vertreten sein, von Benetton bis Daimler Benz. So groß sind die Dimensionen, daß sich das Heiligtum daneben wie ein Kinderspielplatz ausnimmt. Um eine Altstadt müssen sich die Stadtplaner nicht scheren. Die ist in Mekka, sofern nicht in einen

Themenpark verwandelt, längst niedergerissen. Niemand bricht radikaler mit der Vergangenheit als jene Gruppierungen, die in die Vergangenheit zurückkehren wollen.

Es wird oft gesagt, daß der sogenannte Kampf der Kulturen nicht einfach zwischen dem Islam und dem Westen verlaufe, sondern sich mitten durch den Islam ziehe. Das ist richtig und wäre an vielen Beispielen zu belegen. In der islamischen Welt sind nicht nur die fundamentalistischen Kräfte erstarkt, sondern auch die Gegenkräfte, die ein säkulares Gesellschaftsmodell vertreten oder es sogar religiös begründen. Gewiß nehmen wir sie seltener wahr, denn sie stellen keine Bedrohung dar und machen auch nicht durch spektakuläre Demonstrationen oder gar Gewalttaten auf sich aufmerksam (wobei wir sie auch dann nicht wahrnehmen, wenn etwa in Pakistan Hunderttausende für Demokratie demonstrieren, eine Zahl, welche die pakistanischen Islamisten bei ihren Kundgebungen nie erreicht haben). Ja, der eigentliche Konflikt um den Islam wird innerhalb der islamischen Welt ausgetragen. Natürlich wird er auch am Verhältnis zum Westen diskutiert, also anhand der Frage, wie die islamische Welt zum Westen stehen sollte, speziell zu dessen Werten und Errungenschaften wie der Demokratie, den Menschenrechten, der Säkularität. Der Westen ist das andere, von dem man sich abgrenzt oder an dem man sich orientiert, um seinen eigenen Standort zu bestimmen. Tatsächlich aber geht es um den Islam selbst, um die eigene Gesellschaft.

Europa ist von dieser Entwicklung ausgenommen – so scheint es. Gewiß, hier und dort diskutiert man über die Rückkehr der Religion, die Gefahren für die liberale Gesellschaftsordnung. Aber man übersieht, daß außerhalb Europas die Religionen niemals aus dem öffentlichen Leben verschwunden waren. Die Säkularität, wie wir sie kennen und die weit über die Trennung von Staat und Religion hinausgeht und tatsächlich den umfassenden Bedeutungsverlust der organisierten Religionen zur Folge hat, diese religiöse Apathie, um es schärfer zu formulieren, ist eine singuläre Erscheinung in Europa. Nicht einmal die Vereinigten Staaten sind in diesem europäischen Sinne säkular. Nicht einmal ganz Europa. Wenn wir vom säkularen Westen sprechen, meinen wir Westeuropa. In Griechenland, auf dem Balkan, ja schon im Nachbarland Polen spielen die Religionen im öffentlichen Leben eine zentrale, dezidiert politische Rolle. Der Begriff der Meinungsfreiheit wird in diesen Ländern deutlich enger gefaßt, das Delikt der Blasphemie von den Gerichten sehr viel ernster genommen, Künstler und Autoren, die sich über das Christentum lustig machen, werden regelmäßig vor Gericht gestellt. Die weltweite Rückkehr der Religionen, die hierzulande annonciert wird, ist in Wirklichkeit die Entdeckung, daß Religionen außerhalb Westeuropas niemals verschwunden waren.

Aber ist Westeuropa wirklich ausgenommen von der Ausbreitung des Identitätsdiskurses? Ich meine, nicht. Auch bei uns wird zunehmend das Eigene definiert und damit festgeschrieben – und damit gleichzeitig ein anderes, das Gegenüber. Ich denke dabei nicht so sehr an die Papst-Begeisterung und die vielen Prominenten, die sich auch von Deutschland aus auf den Pilgerpfad begeben oder nach alten Tugenden rufen. Die westeuropäischen Gesellschaften sind so tiefgreifend säkularisiert – im Sinne eines Bedeutungsverlustes der organisierten Religionen –, daß das konfessionelle Moment nicht politisch durchschlägt und manchmal einen eher folkloristischen Charakter annimmt. So unterscheidet sich die religiöse Euphorie in ihrer medialen Verwertung kaum noch von anderen Begeisterungsschüben der Nation. Die Schlagzeile der *Bild*-Zeitung zum Weltjugendtag brachte die ganze Absurdität der religiösen Event-Kultur zum Ausdruck: »Gottes geilste Party«. Bedenkt man recht, für welche Werte der Papst und für welch amoralischen, sexistischen und fremdenfeindlichen Journalismus die *Bild*-Zeitung steht, ist eine solche Jubelberichterstattung, die ich sonst nur aus Diktaturen oder einer Theokratie wie Iran kenne, an Frivolität kaum zu überbieten. Aber um Inhalte geht es ohnehin kaum. Was Benedikt XVI. vertritt und daß manche seiner Positionen – etwa seine Reden in Auschwitz, wo er die Christen zum Mitopfer der Juden erklärte, oder in Brasilien, wo er die Indianer darüber belehrte, daß sie die Missionare herbeigesehnt hätten – befremdlich bleiben (und bleiben wollen!), wird nicht einmal mehr von jenen Feuilletons und Magazinen aufgespießt, die sich über jede Äußerung des vormaligen Papstes zum Schwangerschaftsabbruch wochenlang ereifern konnten. Der jetzige Papst äußert sich viel entschiedener, gerade auch für ein säkulares, hedonistisches und weltoffenes Gesellschaftsmodell provokanter – aber nun ist es unser Papst, nein, nun sind wir Papst. Er schafft Identität.

Von so großer gesellschaftlicher Relevanz wie der islamische Fundamentalismus für den Nahen Osten, der Hindu-Nationalismus für Indien oder die evangelikale Bewegung für die Vereinigten Staaten ist die Begeisterung einst areligiöser Intellektueller für die katholische Kirche nicht. Die Kirchen sind nicht voller, und der Papst wird diese Art von Unterstützung, die mehr mit Wir-Gefühl als mit religiöser Wahrhaftigkeit zu tun hat, auch nicht wirklich ernst nehmen, nehme ich an. Will man in Westeuropa ein Wir schaffen, reicht das Christentum als Identitätskitt nicht aus. Besser eignen sich Aufklärung und Säkularität, um sich von anderen Kulturen und speziell vom Islam abzugrenzen. Das Christentum kann dann als kulturgeschichtlicher Faktor einbezogen werden, also etwa indem man die europäische Geschichte als Geschichte des christlichen Abendlandes begreift. Zu welchen kuriosen Blüten ein derart christlich gedrehter Aufklärungsfuror führen kann, hat der baden-württembergische Muslimtest gezeigt, als ausgerechnet Christdemokraten die Freiheit zur Homosexualität als Erkennungsmerkmal der europäischen Kultur ausgaben. Natürlich ging es der CDU nicht um die Nähe zu den Schwulen, sondern um die Abgrenzung von den Muslimen – aber gut: Wenn die

Christdemokraten die Muslime brauchen, um sich zur sexuellen Revolution zu bekennen, sind wir immerhin für etwas gut!

In Westeuropa ist das andere, das man immer braucht, um sich selbst zu definieren, nicht nur, aber vor allem der Islam geworden. Es ist kein Zufall, daß die Debatte um den Multikulturalismus faktisch eine Debatte über Muslime ist – übrigens nicht *mit* den Muslimen, sondern hauptsächlich *über* sie. Typisch ist die Frage, mit der das Internet-Portal *Perlentaucher* eine länderübergreifende Diskussion ins Rollen brachte: »Wen soll der Westen unterstützen: Gemäßigte Islamisten wie Tariq Ramadan oder islamische Dissidenten wie Ayaan Hirsi Ali?« Daß Tariq Ramadan und Ayaan Hirsi Ali ebenfalls zum Westen gehören, scheint die Fragestellung genauso auszuschließen wie die Möglichkeit, daß ein gebürtiger Muslim weder Islamist ist noch Islamgegner. Tatsächlich sind diejenigen Protagonisten in dieser und ähnlichen Debatten, die einen arabischen, iranischen oder türkischen Namen führen, fast durchweg Autoren, die den Islam ablehnen. Ihre Rolle ist die von Kronzeugen der Anklage. Hier und dort bietet auch die Verteidigung Kronzeugen auf, muslimische Intellektuelle, die die Vereinbarkeit ihrer Religion mit der Aufklärung beteuern. Von der Urteilsfindung sind die Zeugen ausgeschlossen. Aber nicht nur das: So gut wie kein Islamwissenschaftler ist an der Debatte beteiligt. Alle möglichen Kompetenzen findet man – und zwar in beiden Lagern, den Islamgegnern und den Islamverstehern – Journalisten, Historiker, Schriftsteller, Soziologen, Politikwissenschaftler, aber in der gesamten Debatte der letzten Zeit habe ich kaum einen Professor für Islamwissenschaft entdeckt, der an einer deutschen Universität lehrt, nicht in den Talkrunden des Fernsehens, nicht in den Sammelbänden, nicht in den Feuilletons. Und es gibt nun wirklich eine Reihe von herausragenden Islamwissenschaftlern an deutschen Universitäten. Dieser Verzicht auf wissenschaftliche Kompetenz ist in gewisser Weise nur konsequent. Die westeuropäische Debatte über den Islam ist eine Debatte über Westeuropa.

Verwerflich ist das nicht. Anhand des Islams, der als Alternativzugehörigkeit fungiert, läßt sich nun einmal anschaulicher diskutieren, wie die eigene Kultur gesehen wird, was man mit Begriffen wie Liberalität, Säkularität oder Pluralismus meint. Wie oft habe ich es erlebt, daß Diskussionen über Europa und seine Werte, die sich in Allgemeinplätzen erschöpften, plötzlich heftig und sehr emotional wurden, sobald ein Stichwort wie der Beitritt der Türkei zur Europäischen Union oder das Kopftuch fiel. Sofort wurden die Fragen konkret: Ist es liberal, muslimischen Lehrerinnen zu erlauben, ein Kopftuch zu tragen? Bedeutet Säkularität, daß der Staat alle Religionen konsequent gleich behandelt? Meint Vielfalt etwa auch ein Minarett im Stadtbild? Kann ein muslimisches Land der Europäischen Union beitreten? Einem Europa, dem der Islam zumindest potentiell angehört, liegt ein anderes Konzept zugrunde als ein Europa, das sich durch seine christlichen oder christlich-jüdischen Wurzeln definiert, damit auch durch die Abgrenzung vom Islam. Streitfragen der Historiker werden zu Streifragen der Gegenwart: Ist die arabische Philosophie der Muslime und Juden ein Bestandteil der europäischen Aufklärungstradition? Beruft sich also Europa auch auf islamische Wegbereiter der Moderne in der Philosophie, in der Scholastik oder der Literatur? Gehören das islamische Spanien oder das Osmanische Reich zur europäischen Geschichte oder wird ihre Darstellung an die Nahostwissenschaft delegiert? Wie immer die Antwort ausfällt, selbst in philosophiegeschichtlichen Erörterungen – sie hat angesichts der Zusammensetzung unserer Gesellschaft Auswirkungen auf unsere Zukunft.

Die geistige Aufrüstung, die in Teilen der Gesellschaft betrieben wird, ist unübersehbar. Die Berichterstattung zum Islam in einzelnen Medien hat längst den Charakter einer Kampagne angenommen und ist von Wissenschaftlern vielfach analysiert worden, nicht zuletzt hinsichtlich ihrer Bildsprache: vermummte Männer mit Maschinengewehr, voll verschleierte weibliche Massen, von hinten fotografierte Kopftücher auf deutschen Schulhöfen, im Schrei verzerrte Gesichter, Betende genau in dem kurzen Augenblick, in dem sie ihre Stirn zu Boden führen, so daß ihr Hinterteil in die Kamera grinst. Um die eingeborene Gewalttätigkeit des Islams zu beweisen, zitieren die typischen Artikel, Sendungen und Bücher die immer gleichen Koranverse zur Gewalt, als gäbe es keinen historischen oder textuellen Kontext zu berücksichtigen, und picken aus der Geschichte selektiv die Massaker, Diskriminierungen und Eroberungskriege heraus, die es natürlich in der islamischen Geschichte gegeben hat – und schon sieht die Geschichte des Islams aus wie ein Horrorkabinett. Wie billig ein solches Muster ist, wird deutlich, wenn man es ins Gegenteil verkehrt: Kolonialismus, Kreuzzüge, der Völkermord an den Indianern, Inquisition und Jesu Missionsbefehl, Tschetschenien, Irak, Sabra und Schatila, Palästina, Srebrenica und die christliche Propaganda der Serben, die dezidiert biblische Legitimation der Apartheid, Holocaust, zwei Weltkriege, zur Variation jetzt gern auch die Elfenbeinküste oder der Protest gegen Moscheen in Europa, all das versehen mit ein paar Heiligkriegszitaten aus Bibel, Bush und Berlusconi und von führenden Amerikahassern interpretiert, schon hat man genügend Belege gesammelt, um die Einfältigen in der islamischen Welt von der angeborenen Aggressivität des Christentums zu überzeugen. Nach dem gleichen Muster funktionieren die diversen Internetseiten, die Tag für Tag auflisten, wo Muslime heute wieder Gewalttaten begangen, ihre Dummheit bewiesen oder sich lächerlich gemacht haben. Es ist ein Leichtes, wie islamistische Websites demonstrieren, Tag für Tag negative Meldungen zusammenzustellen, in denen irgendwo auf der Welt westliche Personen, Gruppen oder Staaten dem Feindbild entsprechen, das man sich von ihnen macht, von amerikanischen Ölkonzernen im Nahen Osten über die

Kinderpornographie bis hin zu Brandanschlägen auf Asylheime oder Moscheen. Die Meldungen mögen jede für sich wahr sein und werden in der Zusammenstellung dennoch zur Lüge.

Auch die einschlägigen Bestseller zum Islam in Europa schildern meist eindringlich soziale Problemfälle in muslimischen Familien, ohne sie anhand empirischer Daten mit der tatsächlichen Zahl von Muslimen in Beziehung zu setzen. Dem Leser wird so der Eindruck vermittelt, als seien Ehrenmorde, Zwangsverheiratungen und Gewalt in muslimischen Familien die Regel, die zivilisierten, säkularen Muslime die Ausnahme. Das ist so bizarr, als würde eine Studie über Rechtsradikale in Ostdeutschland den Eindruck vermitteln, als seien alle Ostdeutschen rechtsradikal – oder als würde ein Augenarzt zu der Auffassung kommen, alle Menschen hätten Augenprobleme. Genauso gedankenarm ist es freilich, immer nur aufzulisten, wo Muslime auf der Welt oder speziell in Deutschland benachteiligt werden. Gewiß gibt es solche Fälle: Familien, die wegen ihres arabischen Namens keine Wohnung erhalten, Frauen, die wegen ihres Kopftuchs auf der Straße angespuckt werden. Sieht man genau hin, wird man wahrscheinlich jeden Tag einige Vorfälle finden. Aber daraus eine Verfolgung der Muslime abzuleiten, gar Vergleiche zur Judenverfolgung im Dritten Reich anzustellen, wie es gelegentlich geschieht, ist völlig grotesk. In kaum einem Land auf der Welt sind kulturelle oder religiöse Minderheiten vollständig gleichberechtigt. Aber im Vergleich zu den meisten anderen und gerade zu den islamischen Ländern genießen die Minderheiten in Europa ein hohes Maß an Freiheit und Emanzipation, auch die Muslime. Das bedeutet nicht, sich mit Diskriminierungen abzufinden. Nur sollte man auch als Muslim die Relationen nicht vollständig aus den Augen verlieren und gelegentlich einmal die Vorzüge unserer westeuropäischen Gesellschaften anerkennen. Ja, es gibt ein Feindbild Islam. Aber die Muslime sollte es mehr beunruhigen, daß es einen Islam gibt, der sich als Feind gebärdet.

Um es deutlich zu sagen: Selbst wo sie übertrieben oder einseitig ist, hat die islamkritische Populärliteratur der letzten Jahre auf Mißstände aufmerksam gemacht, die von der Wissenschaft und der Politik oft ignoriert wurden. Das bleibt ihr Verdienst. Aber zugleich hat sie – manchmal ungewollt, oft genug in voller Absicht – das Beweismaterial geliefert für politische Forderungen, die unsere liberale Gesellschaftsordnung zugrunde richten würden. Die Sympathien und teilweise institutionellen Vernetzungen der international bekanntesten Islamkritiker wie Ayaan Hirsi Ali oder Leon de Winter mit den nordamerikanischen Neokonservativen sind ebenso kennzeichnend wie der Beifall, den hierzulande Autoren wie Henryk M. Broder oder Ralph Giordano aus evangelikalen, fremdenfeindlichen und sogar neonazistischen Kreisen erhalten. Daß sie sich durchaus glaubwürdig gegen die Vereinnahmung durch Rechtsradikale wehren, ändert nichts daran, daß ihre Thesen, Behauptungen und Diffamierungsmuster bis in die Wortwahl identisch sind.

Wer versucht, sich mit Argumenten, gar mit wissenschaftlichen Erkenntnissen Gehör zu verschaffen, bekommt umgehend das Label des naiven Multikulturalisten angeheftet. Glaubt man den Predigern des Kulturkampfs, ist die gesamte deutsche Islamwissenschaft kollektiv dem Islamismus auf den Leim gegangen. Dasselbe Schicksal hat auch die deutsche Migrationsforschung ereilt, nachdem sie sich in einem offenen Brief in der *Zeit* gegen den pseudowissenschaftlichen Diskurs von Bestsellerautorinnen wie Neçla Kelek gewandt hat, die sich um gesicherte empirische Daten nicht scheren. Nach den empörten Reaktionen einiger Feuilletons auf den offenen Brief mußte man beinahe meinen, daß an deutschen Universitäten islamfaschistische Gehirnwäsche betrieben würde.

Bezeichnend ist, daß selbst die ehemals so liberale Führung der evangelischen Kirche die Debatte über den Islam als Feld der eigenen Profilierung entdeckt hat. Die Kirchen in Deutschland, beide großen Kirchen, haben mehr als andere gesellschaftliche Institutionen zur Integration der Muslime beigetragen. Sie haben den Dialog gefördert und sich für die religiösen Belange von Muslimen eingesetzt, als diese aufgrund ihrer sozialen Struktur kaum durchsetzungsfähige und gut artikulierte Repräsentanten hatten, gerade auch vor Ort, in den Städten und Kommunen. Bis heute werden Moscheen kaum gebaut, wenn nicht auch die örtlichen christlichen Gemeinden sich dafür aussprechen, an der Gestaltung beteiligen oder bei den Stadtverwaltungen und in der Öffentlichkeit als Fürsprecher auftreten. Das war mehr, als die Angehörigen der Minderheit von den Institutionen einer anderen Religion erwarten durften. Das war eine herausragende gesellschaftliche Leistung der letzten Jahrzehnte, mit der die Kirchen dem Staat weit voraus waren. Und diese Großherzigkeit hat sich in vielen Fällen auch auf den Islam in Deutschland ausgewirkt, denkt man nur an die Tage der Offenen Moscheen, an die vielen Kontakte vor Ort, an die Tradition, Christen zum Fastenbrechen einzuladen, und vieles mehr. Allein schon die Idee, einen interreligiösen Dialog zu führen, war für die muslimischen Gemeinden, die ihrer sozialen und intellektuellen Struktur nach meist eine relativ geschlossene türkisch-dörfliche Kultur repräsentieren, alles andere als eine Selbstverständlichkeit.

Im Unterschied zur katholischen Kirche, die trotz der Regensburger Rede unter Benedikt XVI. den Dialog zwischen Christentum und Islam mit großem Engagement betreibt und auch in Deutschland im großen und ganzen weiter eine konziliante, auf Verständigung ausgerichtete Position einnimmt, grenzt sich die Führung der evangelischen Kirche in Deutschland zunehmend vom Islam ab. Die Handreichung zum Dialog, die sie zuletzt veröffentlichte, trägt die Handschrift evangelikaler Autoren und ist in einer Rhetorik der Gegnerschaft verfaßt, die vor einigen Jahren noch undenkbar gewesen wäre. Auf dem letzten Kirchentag wurden Vertreter des Islams vom Publikum ausgepfiffen, kaum daß sie die Bühne betraten, und der Ratsvorsitzende der evangelischen Kirche in Deutschland, Bischof Wolfgang Huber, der auf dem Podium saß, erinnerte das Publikum nicht etwa an das Gebot der Gastfreundschaft, sondern stiftete es durch seine Bemerkungen noch zu weiteren Unmutsäußerungen gegenüber den Muslimen an. Und auf der jüngsten Synode hat sich die Bestimmung dessen, was evangelischer Glaube heute ist, weitgehend darauf beschränkt, was ihn vom Islam unterscheidet.

Natürlich tragen die Muslime selbst ihren Teil dazu bei, wenn sie im Westen auf zunehmende Skepsis stoßen. Damit meine ich nicht nur die politische Gewalt, die von Muslimen ausgeht, und die undemokratischen Zustände in den meisten Ländern der islamischen Welt, sondern auch die Art und Weise, wie sich Muslime im öffentlichen Raum artikulieren. Das bekannteste und auch sinnfälligste Beispiel aus der letzten Zeit zugleich für das Feindbild Islam und für dessen Bestätigung ist der Streit um die dänischen Mohammed-Karikaturen. Er entwickelte sich, als hätte ein Drehbuchautor das Szenario eines globalen Kulturkampfes geschrieben. Die Muslime in diesem Szenario reagierten wie Pawlowsche Hunde: vorhersehbar, gedankenlos, aggressiv. Sie kläfften auf Lichtzeichen und bissen zu auf Befehl. Ein beträchtlicher Teil speziell der iranischen und arabischen Öffentlichkeit hat nicht begriffen, daß man nicht zur Gewalt greift, nur weil man sich ärgert oder beleidigt fühlt, daß es in der globalisierten Welt friedliche und übrigens weit effizientere Mittel gibt, die eigene Position zu vertreten. Jeder Konsument hat die Möglichkeit, eine Ware zu boykottieren – das ist das Spiel der freien Marktwirtschaft, und gerade amerikanische Medienkonzerne würden es mit Rücksicht auf die Folgen für die Wirtschaft nicht wagen, wichtige Käufergruppen zu verprellen. Hätten sich die Muslime daran gehalten, sie hätten den Konflikt für sich entscheiden und nebenbei aller Welt die lächerliche Prinzipienlosigkeit des dänischen Ministerpräsidenten vorführen können, der beim ersten nicht verkauften Fetakäse bereit war, seine Verachtung für die Muslime beiseite zu schieben und »bitte, bitte Dialog« zu winseln. Das hätten die Muslime tun können, und sosehr man sich in Europa über sie entrüstet hätte, sie hätten sicher sein können, daß ein Großteil der Weltöffentlichkeit mit ihnen sympathisiert – einschließlich vieler Korrespondenten aus den Vereinigten Staaten, wo die seriösen Medien deutlich differenzierter über den Islam berichten. Aber wieder einmal hat sich gezeigt, daß viele Muslime zwar in der modernen Welt leben wollen, aber deren Spielregeln noch längst nicht begriffen haben. Man kann Waren boykottieren, Artikel schreiben, Geld verschwenden für Medienkampagnen, Lobbyarbeit betreiben – aber niemand hat das Recht, Botschaften zu stürmen oder mit Mord zu drohen. Es gibt an dem Verhalten der Randalierer vieles zu erklären (etwa die Instrumentalisierung durch diktatorische Regime), aber nichts zu entschuldigen. Sie haben das Vermächtnis des Propheten und das Ansehen des Islams ungleich mehr in den Schmutz gezogen als die Karikaturen selbst. Ihre Gewalttätigkeit zeigt, wie weit die arabischen Öffentlichkeiten noch entfernt sind von den zivilisatorischen Standards, der Fairneß und der Ausgewogenheit, die sie vom Westen erwarten.

Auf der anderen Seite des Kulturkampfes stand zunächst eine dänische Zeitung am rechten politischen Rand eines Landes, das in den letzten Jahren ohnehin weit nach rechts gerückt ist und inzwischen das restriktivste Ausländerrecht der Europäischen Union hat, wie es sein Premierminister stolz verkündet. Vier Monate lang hat es diese Zeitung nicht geschafft, die muslimische Gemeinde in Dänemark ernsthaft zu provozieren. Vier Monate hat sie die geschmacklosen Karikaturen immer wieder neu verschickt, um am Ende ein paar Eiferer zu finden, die sich in der gewünschten Weise aufregen. Die Provokation verharmlost nicht die Reaktionen mancher Imame in Dänemark und von Teilen der iranischen und arabischen Öffentlichkeit. Wenn der andere mit einem roten Tuch wedelt, muß man noch lange nicht wie ein Stier reagieren. Aber leider verhalten sich viele Araber und Muslime derzeit wie Bullen sehr begrenzter Intelligenz und Auffassungsgabe, wenn sie wegen einiger schlecht gemachter Karikaturen außer Rand und Band geraten.

Jeder, der sich nur ein wenig mit orientalischer Literatur auskennt, weiß, daß es darin nur so wimmelt von Narren, die alles, aber auch wirklich alles in den Schmutz ziehen, einschließlich Gott, den Mullahs, den Herrscher sowieso (wobei die Propheten – alle Propheten – tatsächlich weitgehend ausgenommen sind). Auch das Verbot, Mohammed abzubilden, ist natürlich immer wieder gebrochen worden, wie man überhaupt die islamische Kultur gerade in ihrer mittelalterlichen Blütezeit anhand der fortgesetzten Verletzung ihrer eigenen Tabus beschreiben könnte. Und die bissigsten Witze über den Islam wird man in Teheran, Beirut oder Istanbul hören, gern von verschmitzten Mullahs erzählt. Was man in Iran nur unter Rassisten hört, sind Witze über die jüdische und christliche Minderheit. Niemand, der an einem friedlichen Zusammenleben der Religionen in Iran interessiert ist, würde darüber lachen. Der Aufruf einer iranischen Zeitung, antisemitische Karikaturen einzureichen, beweist allerdings auch: Der gegenwärtige iranische Präsident mitsamt der ihm zuarbeitenden Presse ist an einem solchen friedlichen Ausgleich nicht interessiert. Sollen wir uns ihn zum Vorbild nehmen? Einen größeren Gefallen könnten die Europäer den Islamisten nicht tun, als ihre eigenen Maßstäbe und Ideale über Bord zu werfen. Leider jedoch gilt für viele Intellektuelle, Journalisten und Politiker im Westen längst: Ab heute wird zurückgeschossen. Wer die Feinde der offenen Gesellschaft bekämpft, indem er die eigene kulturelle Offenheit aufgibt, hat den Kampf bereits verloren.

Die Mohammed-Karikaturen waren kein zweiter Fall Salman Rushdie. Es war Rushdies unveräußerliches, stets zu verteidigendes Recht, seine eigene islamische Kultur zu diffamieren, mehr noch: Respektlos mit den eigenen Werten und Autoritäten umzugehen, gehört zu den Aufgaben von Literatur und Kunst, auch wenn sie dafür immer wieder angefeindet werden. Rushdie steht in einer langen Tradition von Literaten in der islamischen Welt, die sich mit dem Islam angelegt haben. Viele von ihnen haben dafür mit Verboten, Verhaftungen oder sogar ihrem Leben gebüßt.

Der dänischen Redaktion ging es um etwas völlig anderes. Hier wurde eine Minderheit im eigenen Land über vier Monate hinweg zu einer Reaktion provoziert, die zur Rechtfertigung dafür dienen sollte, ebendiese Minderheit noch weiter zu marginalisieren. Es ging nicht um das Recht auf Kritik und den Witz als die Speerspitze freier Meinungsäußerung. Hier wurde und wird über eine andere Kultur gelacht. Das hat in Europa eine ganz andere Tradition, und zwar diejenige, die mit dem Humanismus am wenigsten zu tun hat – entsprechend die politische Ausrichtung der dänischen Zeitung und jener Politiker, die ihr nahestehen. Ihr Kampf richtet sich nicht nur gegen Muslime, sondern gegen alles, was Europa nach so vielen Verbrechen und Kriegen zu einem wunderbaren Ort gemacht hat, gegen die Werte der Toleranz, der Vernunft, die Kultur des Kompromisses und Ausgleichs, der wirklichen Säkularisierung, die auf der Gleichberechtigung, aber auch der Achtung der Religionen beruht. Karikaturen über eine ohnehin bedrängte, rassistischen Gesetzen unterworfene Minderheit im eigenen Land zu veröffentlichen, ist das Gegenteil von Aufklärung. Es ist und bleibt dumpfe Ausländerfeindlichkeit.

Späteren Medienwissenschaftlern wird der Karikaturenstreit einmal als Beispiel dafür dienen, wie westliche und nichtwestliche Sender in perfektem Zusammenspiel innerhalb weniger Tage jene Massenhysterie erzeugen können, über die sie berichten. Wer immer sich dann noch äußert, ist Teil des Drehbuchs, in dem alle zu Wort kommen müssen, der Islamkritiker ebenso wie der muslimische Repräsentant, der beschwichtigt, der Medienkritiker ebenso wie der Journalist, der sich über die

Medienkritik beschwert. Diese Abfolge aus Provokation, Drohung, Einlenken und der Empörung über das Einlenken wiederholt sich bei allen Erregungen, die das Thema Islam alle paar Monate erzeugt, zuletzt nach der Entscheidung eines amerikanischen Verlags, einen Mohammed-Roman doch nicht zu veröffentlichen – was einem literarisch dürftigen, aber keineswegs islamfeindlichen Büchlein unverhofft einen Welterfolg bescherte. »Der Skandal ist da, wenn die Medien ihm ein Ende machen«, könnte man frei nach Karl Kraus sagen. Das Muster ist inzwischen so eingeübt, daß es nicht einmal mehr die Provokation oder die Drohung braucht, um dennoch die gleichen Argumente austauschen zu dürfen: So durfte der Künstler Gregor Schneider seinen schwarzen Kubus, der an die Kaaba erinnert, weder in Venedig noch in Berlin ausstellen, obwohl die muslimischen Verbände beider Länder beteuerten, überhaupt nicht beleidigt zu sein, und die Mozart-Oper *Idomeneo* in Berlin wurde aus Sorge vor empörten muslimischen Reaktionen abgesetzt, ohne daß sich jemand empört hatte.

Wer nimmt an einer Debatte teil, wie sie um die dänischen Karikaturen oder die Absetzung einer Oper in Berlin geführt wurde? Wer niemals ein Feuilleton aufschlägt, hat andere Sorgen. Wie in islamischen Ländern oder in Indien ist der Krieg der Kulturen auch in Deutschland vor allem eine bürgerliche Sorge. Gewiß gibt es das Fußvolk, das gegen Moscheen marschiert oder im Internet wütet, aber die Stoßrichtung geben Journalisten, Professoren oder Politiker vor, die den Konflikt zwischen dem Westen und dem Islam bis in deutsche U-Bahn-Schächte hineinkriechen sehen – aber selbst meist in Wohnvierteln leben, in die es kaum ein Migrant je schafft. Das Lebensgefühl ist auch hier nicht primär gegen etwas gerichtet. Der Muslim wird toleriert. Fremdenfeindlich sind nur Rechtsradikale, von denen man sich selbstredend distanziert. Mit Gewalt gegen Ausländer hat man schon gar nichts zu tun, mehr noch: Die Schläger verunglimpfen die eigene Kultur. Man ist nicht *ge-*

gen andere, sondern nur *für* die Bewahrung der eigenen Kultur. Denn diese eigene Kultur wird bedroht – und zwar immer und überall. Wenn man viel reist, bekommt man den Eindruck, daß überhaupt alle nur bedroht werden.

Niemand nimmt sich selbst als gewalttätig wahr, und kein Ressentiment kommt ohne die Angst aus, die es zum Vorwand nimmt. Nicht einmal Osama bin Laden würde sich wahrscheinlich für aggressiv halten. Immer und überall tritt der Identitätsdiskurs mit der Geste der Bewahrung, der Verteidigung auf. Man hat nie etwas gegen die anderen, aber leider ist es eben so, daß die anderen einen hassen, auch wenn die Gründe objektiv nicht begreifbar, also praktisch pathologisch sind. Man ist doch selbst so friedlich. *Warum hassen sie uns?* steht auf Zeitschriftentiteln in Hamburg oder Kairo, in Delhi oder Washington. Aber man möge einmal einen gewöhnlichen muslimischen Theologen, einen arabischen Geschäftsmann, einen indonesischen Journalisten darauf hinweisen, daß er den Westen haßt. Er wird einen für übergeschnappt halten. Vielleicht würde er zugeben, daß eine kleine Anzahl von Extremisten, mit denen er nichts zu tun hat, den Westen haßt. Aber er selbst? Vielleicht lehnt er dieses oder jenes am Westen ab, wahrscheinlich wird er sich auch fürchten vor der militärischen Dominanz der Vereinigten Staaten – aber Haß würde er mit Sicherheit rundweg abstreiten.

Wäre es im Westen anders? Kein vernünftiger Christ, kein Intellektueller, wahrscheinlich nicht einmal ein Rechtsradikaler würde von sich behaupten, daß er den Islam haßt. Haß ist im eigenen Lager grundsätzlich das Phänomen einer radikalen Minderheit und im Lager der anderen grundsätzlich ein Phänomen der Massen. Wenn die Kulturen und Gesellschaften so friedlich wären, wie sie sich selbst wahrnehmen, gäbe es sicher keine Kriege. Aber bis auf diesen oder jenen Eroberungszug in früherer Zeit – vielleicht könnte man die Mongolen anführen – werden Kriege prinzipiell angefangen, weil man sich verteidigt. Sogar die Kreuzzüge waren ihrer eigenen Ideologie zufolge

Verteidigung, in diesem Fall Rückeroberung. Ebenso war die Ausbreitung des Islams in der eigenen Wahrnehmung ein entschieden defensives Unternehmen, begründet stets mit der Aggression der anderen, der Nichtmuslime. Nein, wahrscheinlich fühlten sich auch die Mongolen bedroht.

Die neue Religion der kleinbürgerlichen Weltmitte, deren Tempel wie das *HyperOne* aussehen, ist variabel genug, die von innen beleuchtete Litfaßsäule mit den jeweiligen Offenbarungen auszustatten, davor zwei Regale für Erbauliches in der Landeskultur, das auf die Läuterung des einzelnen ausgerichtet ist, an den es sich in Du-Form wendet. Politik ist des Teufels, der die gesellschaftlichen Verhältnisse antastet. In Ägypten ist immer noch Amr Khaled der Star unter den Predigern, ein einundvierzigjähriger Absolvent der Betriebswirtschaft, weißes Hemd mit Krawatte, kein Sakko, gepflegter Schnurrbart, Typ ägyptischer Schwiegersohn, immer lächelnd auf den Fotos, die wie ein Logo alle Buchcover zieren. Ich werfe das billigste seiner Bücher in den Einkaufswagen, 3,75 Pfund, knapp fünfzig Cent, *Der Gottesdienst des Denkens,* das auf 75 Seiten mir, also dem jeweiligen Leser, die Schöpfung seit ihrem Beginn erklärt. Mit der Evolution hat es die islamische Frömmigkeit leichter, weil der Koran Details vermeidet, mit dem »Wir schufen dich aus einem Klumpen Blut« aus Sure 96 sogar Urknalltheorien zuläßt.

Die meisten anderen Titel von Amr Khaled zielen auf Persönlichkeitsbildung, ob *Der Charakter des Gläubigen* oder *Die Geduld und der Geschmack.* Stellen andere Büchertische in Ägypten jeden amerikanischen Soldaten als Kreuzzügler und jeden ertrunkenen Flüchtling vor Gibraltar als muslimischen Märtyrer dar, ist im *HyperOne* Kulturkampf Mangelware; nichts über die Bosheit des Westens, keine Konversionsgeschichten à la »Meine Flucht aus den Klauen der Kinderschänder«, »Achtmal vergewaltigt in Berlin« oder »Diskriminiert – die Leidensgeschichte einer europäischen Muslima«. Eher wird das Friedfertige des Islams herausgestellt, »Die Wahrheit über die Kriege des Propheten«. Im Regal vor dem Religiösen die internationalen Ratgeber, »Der Weg zum Glück«, »Wie Sie Ihren Konkurrenten schlagen«, »Professionalität im Büro«, ein Regal dahinter Computer, der Samsung Laser Printer für umgerechnet nur 60 Euro, auf der Litfaßsäule neben den Koranen Koch- und Haushaltsbücher wie »Heather Luke's Gardinen«, ebenso aus dem Englischen übersetzt wie die Ratgeber. Das Regal für Literatur hingegen besteht ausschließlich aus englischsprachigen Ausgaben, Ken Follett, John Grisham, Donna Leon. Einen Exoten wie Nagib Machfus sucht man hier vergebens. Dafür kehrt im Regal daneben *Tausendundeine Nacht* in der Version von Walt Disney nach Arabien zurück.

Waren es früher die Ferienanlagen der westlichen Touristen, die überall gleich aussahen, sind es heute immer mehr Lebensräume auch der Einheimischen. Im *HyperOne* kaufe ich den Blick in die Zukunft ein. Abgesehen von lokalen Einsprengseln wie den Datteln sind nicht nur die Lebensmittel die gleichen, sondern größtenteils sogar die Lebensmittelmarken. Die Kaffeebar, das italienische Schuhgeschäft Via Reggio, die Mobiltelefongeschäfte, die Pizzeria, die Eisdiele, die fünf Fastfood-Restaurants, das Möbel-Studio mit Sofas von Ligne Roset, die Baseballmützen und gelben Polo-T-Shirts der Angestellten, die automatisierten Kassen (wie in den Vereinigten Staaten ist die Arbeitskraft so billig, daß jemand beim Eintüten hilft) und ebenso die Banken vermeiden konsequent alle Anzeichen des Lokalen, aber während des Karikaturenstreits haben sie anstelle des dänischen Fetakäses Korane in die Kühlregale gestellt. Ach, wenn Amerika wüßte, wie erfolgreich es ist, wie sehr es geliebt wird, würde es vielleicht weniger Kriege anzetteln.

In der Sonderverkaufsstelle am Eingang stehen Tannenbäume aus Plastik zum Verkauf, weiß befleckt mit Watte, außerdem Weihnachtsschmuck, Lichterketten. Nur der Santa Claus fehlt. Womöglich weil er mit seinem weißen Bart zu sehr einem Mullah ähnelt.

Deutschland wird weltoffener

In der islamischen Welt, in Nordamerika oder in Indien sind in den letzten Jahren nicht nur die fundamentalistischen Kräfte erstarkt. Auch deren Widersacher artikulieren sich immer entschiedener. Der Riß verläuft nicht zwischen den Kulturen, vielmehr zieht er sich mitten durch sie hindurch. In Europa ist es nicht anders: Genauso wie sich die Kulturkämpfer formieren, bildet sich immer deutlicher eine Gegenposition heraus, sammeln sich die Anhänger eines Europa, das sich nicht durch seine Grenzen definiert, sondern durch die Offenheit seiner Gesellschaft. Es ist eine Debatte, die in ihrer Lagerbildung der Auseinandersetzung innerhalb der islamischen Welt entspricht, allerdings zum Glück nur selten deren Härte erreicht. Die Schlagzeilen der konservativen Leitblätter und die Hysterie mancher Feuilletonisten täuschen darüber hinweg, daß die Politik der meisten europäischen Länder gegenüber den Migranten dem Kulturkampf entgegenläuft, sich innerhalb der Medien längst ein Umbruch vollzieht und die Wirtschaftsverbände sogar offensiv für eine liberale Einwanderungspolitik und eine plurale, weltoffene Gesellschaft werben. Immer mehr Politiker, Konzerne und Redaktionen wenden sich in ihren Sprachregelungen, Forderungen und Analysen an einen Adressaten, der ethnisch oder kulturell nicht mehr homogen ist. Die Einführung eines Wortes zum Freitag bei manchen Sendern ist dabei nur ein symbolisches Zeichen. Als wichtiger wird sich erweisen, daß der Anteil von Einwandererkindern in der Volontärsausbildung stark gestiegen ist und sich die Zusammensetzung der Redaktionen so allmählich der Zusammensetzung der Gesellschaft annähert. Spätestens wenn einer der Chefredakteure von Spiegelspringerfaz Gülinaz oder Mehmet heißt, werden auch die Ewiggestrigen unter den Publizisten in der Einwanderungsgesellschaft angekommen sein, statt sie immer noch zu bekämpfen. Und was immer über oder gegen den Islam geschrieben wird, bei allen schrillen Tönen – in der Gesellschaft funktioniert das Zusammenleben weitaus besser, ist die Toleranz gegenüber Muslimen weitaus größer, als es in der medialen Wirklichkeit erscheint.

Deutschland ist heute ungleich weltoffener als noch vor zwei, drei Jahrzehnten. Es hat sich an die Einwanderung gewöhnt. Man muß sich nur erinnern oder mit älteren Menschen sprechen, um Belege dafür zu finden, wie selbstverständlich die kulturelle Vielfalt geworden ist. Ich finde es wunderbar, um mich herum so viele Sprachen und Gerüche und Lebensformen vorzufinden, so daß sich das Innen und das Außen meiner Kindheit zueinander öffnen, und ich freue mich, daß das Lebensgefühl mindestens in den Großstädten immer kosmopolitischer wird. Keinesfalls wollte ich in den fünfziger Jahren in Deutschland gelebt haben, als Andersfarbige noch wie Zootiere begafft wurden. Oft wird als Beleg für die mangelnde Integrationsbereitschaft der Türken angeführt, daß sie eher untereinander heiraten würden. Man mag von dem Argument halten, was man will, aber wenn ich die Iraner in der Generation meiner Eltern nehme, die eine deutsche Frau geheiratet haben, so hatten sie damals fast alle enorme Schwierigkeiten, als Schwiegersöhne akzeptiert zu werden. Viele der deutschen Frauen, die sich in Freunde oder Verwandte meiner Eltern verliebt hatten, wurden von ihren Familien regelrecht verstoßen und sind es zum Teil immer noch. Das klingt heute merkwürdig, zum Glück, aber es war in dem Deutschland, in das meine Eltern einwanderten, eher die Regel als die Ausnahme. Das hat sich geändert, zumal in der Generation meiner Töchter, wo es selbstverständlich geworden ist, daß man zu Deutschland gehört, aber Marica heißt oder Merve. Manchmal stelle ich mir ein Deutschland vor, ein Köln, in dem keine Ausländer mehr leben oder auch nur keine Türken – das wäre nicht nur schrecklich, es wäre vor allem öde.

Ich selbst merke, daß ich immer seltener gefragt werde, wann ich denn zurückgehen werde in meine Heimat. Bis vor einigen Jahren war das eine Frage, die jedem wie mir regelmäßig gestellt wurde: Wann gehen Sie zurück? Ich fand die Frage gar nicht diskriminierend, ich fand sie auch nicht beleidigend. Ich fand die Frage vor allem kurios. Zurück – das wäre in meinem Fall Siegen in Südwestfalen, und dorthin möchte ich nun wirklich nicht zurück. Ich fragte mich immer, wann verstehen denn die Deutschen, daß wir nicht zurückgehen werden. Ich glaube, allmählich begreifen sie es, sogar in der Politik: So kritisch ich die jüngsten Gesetze zur Einwanderung und zum Flüchtlingsschutz bewerte, so bin ich doch im großen und ganzen einverstanden mit beinahe allen Maßnahmen, die von der Bundesregierung oder auch von vielen Landesregierungen zur Sprachförderung bei Einwandererkindern, zu deren Integration in den Schulen oder zum Schutz von Frauen beschlossen wurden. Insgesamt ist die Politik hier seit einigen Jahren – spät zwar, aber immerhin – auf einem guten Weg, der allerdings noch entschlossener und selbstbewußter begangen werden müßte.

Die Diskrepanz zwischen medialer und gesellschaftlicher Realität ist mir am stärksten aufgefallen im Zuge der Diskussionen um den Bau einer Moschee in Köln. Wenn man manche Feuilletons las, mußte man den Eindruck gewinnen, daß da ein gewaltiger Kulturkampf tobe und es massenhafte Proteste gäbe gegen den Bau einer repräsentativen Moschee. Die Diskussion vor Ort, die ich als Kölner nun selbst sehr genau wahrgenommen habe, wurde viel gelassener geführt, auch von denjenigen Bürgern, die den Bau mit Skepsis betrachten. Im Laufe der Kontroverse hat sich immer deutlicher gezeigt, daß es in Köln eine breite gesellschaftliche und politische Unterstützung für den Bau gibt, so strittig viele Fragen im Detail sind, Fragen nach der Größe des Gebäudes, nach der sozialen Mischung im Viertel, auch nach den Finanziers und der Rolle des türkischen Staates – völlig legitime Fragen. So hatten die Haßprediger zwar hier und da die Hoheit in der Berichterstattung, aber in Ehrenfeld selbst, bei der zentralen Bürgerversammlung zum Moscheebau in der überfüllten Schulaula, hatten sie keine Chance. Drei, vier Vertreter der rechtsextremistischen Partei *Pro Köln* wurden wegen ihrer Pöbeleien und Beleidigungen des Saals verwiesen, die anderen von der überwältigenden Mehrheit der achthundert Bürger übertönt.

Sicher wurden Bedenken geäußert, auch Ablehnung, aber es waren größtenteils ganz konkrete Einwände, artikuliert ohne jeden Schaum: die Verkehrsführung, die vielen Ein-Euro-Shops auf der Ehrenfelder Einkaufsstraße, die Lärmbelästigung, die viel zu knappen Informationen des Bauträgers, die Höhe des Minaretts, nicht das Minarett an sich. Als der Architekt Paul Böhm den Entwurf der Moschee auf die Leinwald projizierte, haben die Menschen in der Aula gejubelt – Deutsche. Das muß man sich vorstellen. Die Angehörigen der Mehrheitsgesellschaft nehmen den Symbolbau einer neuen Minderheit nicht nur hin, nein, sie sagen: Ja, so eine Moschee, also wenn sie so herrlich aussieht – die wollen wir haben. Applaus. Die Leute müssen doch irgendwo beten. Applaus. Wir können doch nicht sagen, daß die sich integrieren sollen und gleichzeitig verlangen, daß sie mit ihrem Glauben in den Fabrikhallen bleiben. Applaus. Wir sind Ehrenfeld. Jubel.

Wie sich zuletzt bei den Kundgebungen gegen den sogenannten »Anti-Islamisierungskongreß« im Herbst 2008 zeigte, als sich 50000 Menschen mit ihren muslimischen Mitbürgern solidarisierten, gibt es in Köln eine breite weltoffene Mitte, die ins Gutmenschentum übergeht, auch und gerade unter Leuten, die ihre Hosen ausschließlich mit Bügelfalten tragen. Es ist mir schon oft aufgefallen, und es ist wunderbar, unter solchen Menschen zu leben, viele von ihnen religiös, Gutmenschen meinetwegen, aber tausendmal angenehmer als die konvertierten Kulturkämpfer von ehemals links, die nicht mehr darüber reden möchten, gestern den Irakkrieg unterstützt zu haben, und heute einen Irankrieg herbeischreiben. Dann sind mir Menschen tausendmal lieber, die immer Verständnis haben, auch dort, wo es gar nicht angebracht ist, wo man meinen könnte, daß es auch mal reicht.

Natürlich hat die Dame recht, die sich darüber beschwerte, daß diese Türken, die ihretwegen eine Moschee haben sollen, ständig in der zweiten Reihe parken. Die Jungs in den schwarzen BMWs regen mich auch auf. Penner rufe ich dann hinterher, Assi oder, wenn sie mir auf dem Fahrrad wieder die Vorfahrt genommen haben, Scheißtürke. Das ist noch halbwegs lustig, aber den afghanischen Jungen, der in der Schule meine Tochter verprügelt hat und gegen den die Lehrerinnen und Betreuerinnen keine Chance haben, weil er es von zu Hause gewohnt ist, vor Frauen keinen Respekt zu haben, den fand ich überhaupt nicht lustig. Natürlich ist das ein Problem. Allein, wieso erwartet irgendwer, daß ein Anteil von dreißig Prozent Zuwanderern oder Zuwandererkindern aus größtenteils unterentwickelten, ländlichen Gebieten keine Probleme verursacht für die alteingesessenen siebzig Prozent? Gewiß verursachen Einwanderer Probleme. Aber genau so, wie es auf der Bürgeranhörung geschah, ist über diese Probleme zu reden. Das war, ich konnte es selbst nicht glauben, Demokratie in Reinkultur. Jeder, der nicht pöbelt, darf seine Meinung äußern, ihm wird geantwortet, und wenn es sich bis weit nach Mitternacht hinzieht. »Wir haben Zeit«, sagt der Versammlungsleiter. Es geht der Reihe nach und streng nach Vorschrift. »Sie wollen eine Moschee bauen? Haben Sie denn genug Parkplätze?«

Ich hatte Amir Hassan Cheheltan mitgenommen, einen iranischen Schriftsteller, der im Rahmen des Schriftstelleraustausches *Westöstlicher Diwan* zu Besuch in Köln war. Bauklötze staunte er. Was für eine Toleranz, murmelte er immer wieder, was für ein entwickeltes Land. Ich sah, wie die jungen Türken, die ihre Beiträge in besserem Deutsch vortrugen als die Randalierer, strahlten, wie sie stolz waren, wie sie dachten: Hier gehören wir hin, auch die, die nach schwarzem BMW aussahen (meiner ist blau und ein Kombi, um das zu betonen). Eine Frau im Kopftuch, orientalisch die Gesichtszüge, rheinisch ihr Tonfall, wünschte sich begeistert, daß Köln seinen Weltruf als Zentrum der Lesben und Schwulen bewahre (unterm Weltruf macht's in Köln keiner), aber sich zusätzlich auch als Zentrum der religiösen Vielfalt etabliere. Bei der Aussicht schnalzt man doch mit der Zunge: Zentrum der sexuellen und religiösen Vielfalt. Das wäre, nein, das ist sie schon, die Kölner Botschaft. Möge sie gehört werden, sehr gern in der Welt und zumal in der Heimat meines iranischen Gastes, aber mindestens in den Redaktionen und Staatskanzleien der Republik.

Dieses Land, die Bundesrepublik, hat eine gewaltige Integrationsleistung vollbracht. Die Zusammensetzung der Bevölkerung hat sich innerhalb weniger Jahrzehnte fundamental verändert, ohne daß es zu sozialen Spannungen großen Ausmaßes gekommen wäre, vergleichbar etwa den Konflikten, die die Vereinigten Staaten mit den Hispanics haben, die Franzosen mit den Nordafrikanern oder etwa die türkischen Städte mit den Landflüchtlingen. Einwanderung solchen Ausmaßes verläuft niemals glatt, sie ruft immer auch Spannungen hervor, Ängste, die berechtigt, Konflikte, die real sind. Dies berücksichtigt, ist die Eingliederung von Millionen Menschen aus einer größtenteils sehr fremden, ländlich-islamisch geprägten Welt in Deutschland vergleichsweise gut gelungen – und das, obwohl es über Jahrzehnte keinerlei Integrationspolitik gab, man im Gegenteil mit den Rückkehrerprämien bis in die achtziger Jahre eher von einer Integrationsverweigerungspolitik sprechen müßte. Während die konservativen Parteien bis zum Ende der Kohl-Ära die Einwanderung schlicht leugneten, wurde sie von vielen Linken auf naive Weise verklärt, nach dem Motto: Ausländer befreit uns von den Deutschen. Aber kein Mensch auf der Welt ist deshalb schon gut, weil er kein Deutscher ist, nicht einmal die Ausländer. Probleme der ländlichen Einwanderer wie krasse Unbildung, mangelnde Deutsch-Kenntnisse oft noch in der zweiten, dritten Generation, das sehr patriarchalische Weltbild sowie die Benachteiligung der Frauen wurden so vielfach ignoriert.

Und dennoch ist die soziale Wirklichkeit, wie ich sie täglich wahrnehme, bemerkenswert entspannt – und ich lebe mitten in der multikulturellen Realität, wo anders als in den bürgerlichen Wohnsiedlungen die Toleranz täglich erprobt und auf die Probe gestellt wird, in einem Viertel mit sehr hohem Migrantenanteil. Genoß ich als Student die Vielfalt, die unser Viertel bietet, habe ich als Vater keine Chance mehr, die Probleme der multikulturellen Gesellschaft zu ignorieren. So habe ich auch alles Verständnis, wenn eine Schule zum Beispiel beschließt, daß auf dem Schulhof nur noch deutsch gesprochen werden darf. Wir selbst haben unsere Tochter nicht in den nächstgelegenen Kindergarten geschickt, weil wir nach ein, zwei Besuchen befürchteten, daß sie dort eher Türkisch als Deutsch lernen würde. Es wäre verhängnisvoll, würde man solche und noch weit größere Konflikte, die das Zusammenleben unterschiedlicher Kulturen in unseren Städten mit sich bringt, nicht offen aussprechen. Nur so können sie so engagiert angegangen werden wie in der katholischen Grundschule, wo wir unsere Tochter später einschulten. Dort lag der Migrantenanteil immer noch bei über fünfzig Prozent – aber wie Lehrer, Eltern und Kinder es gemeinsam geschafft haben, die Vielfalt nicht nur zu bewältigen, sondern ins Positive zu wenden, ja, selbst den alteingesessenen Deutschen als Bereicherung vorzuführen, das hat mich oft erstaunt. Gelernt habe ich allerdings auch, daß Integration dort gelingt, wo die heimische – also auf der Schule meiner Tochter: katholische und kölsche – Kultur nicht schamhaft in den Hintergrund gerückt, sondern gepflegt und selbstbewußt vertreten wird. Aus Furcht vor den Reaktionen muslimischer Eltern nicht mehr Advent zu feiern, wie es in manchen Kindergärten oder Schulen geschieht, ist mit Sicherheit das falsche Signal. Es geht nicht darum, sich selbst zu verleugnen, sondern den anderen zu achten. Wer sich selbst nicht respektiert, kann keinen Respekt erwarten.

Gewiß gibt es zahlreiche Gegenbeispiele, Schulen, an denen das Miteinander weit weniger gut funktioniert als in der Schule meiner Tochter. Wenn dort neben dem Eingang die Ergebnisse der jährlichen Lesewettbewerbe aushingen, waren die Namen genauso international wie auf dem Schulhof selbst. Das mag noch nicht die Regel, aber es kann auch kein Einzelfall mehr sein, wenn nach Angaben des Statistischen Bundesamtes im Jahr 2006 der Anteil von Migranten mit Abitur mit 21 Prozent erstmals höher war als der Anteil von Deutschstämmigen, von denen nur 18 Prozent Abitur hatten. In der öffentlichen Diskussion kommt der gewaltige gesellschaftliche Umbruch, der sich allein in diesen Zahlen ausdrückt, überhaupt nicht zum Ausdruck. Wer dort auf die Normalität hinweist, wird reflexartig der Beschwichtigung bezichtigt: Niemand bestreite, daß es gelungene Beispiele der Integration gebe, aber man müsse nun einmal über die Probleme sprechen, genauso wie man ja auch über die Arbeitslosen spreche und nicht über die Menschen, die Arbeit haben. Das ist richtig. Nur braucht man sich nicht über den Befund zu wundern, daß die Integration oder allgemeiner die multikulturelle Gesellschaft gescheitert sei, wenn deren unspektakulärer Alltag vollständig ausgeblendet wird. Aber bevor ich nun davon schwärme, wie stolz meine Tochter war, daß ihre Klasse auf der Weihnachtsfeier ein persisches Lied vortrug (damit also ihr Anderssein anerkannte), und nach anderen, polnischen, türkischen, arabischen oder portugiesischen Liedern alle Kinder, Lehrer und Eltern in der überfüllten Turnhalle – Kopftuch hin oder her, schließlich ist es eine katholische Schule – als Höhepunkt inbrünstig *O Tannenbaum* sangen, sollte ich lieber zu den Schwierigkeiten zurückkehren. Selbst in einer katholischen Schule kann nicht jeden Tag Weihnachten sein. Ich möchte den Vorfall, auf den ich vorhin anspielte, wirklich einmal schildern: ein *clash of civilizations,* wie er selten bedacht wird.

Um kurz vor eins bat mich Frau Euskirchen aus der Mittagsbetreuung telefonisch, rasch in die Schule zu kommen, weil meine Tochter auf dem Schulhof verprügelt worden sei. Ich fragte nicht nach, sondern machte mich sofort auf den Weg. Als ich eintraf, fand ich meine Tochter umringt von ihren Freundinnen aus der 2. Klasse und einigen älteren Mädchen. Immerhin, sie weinte schon nicht mehr, aber der Schrecken stand ihr ins Gesicht geschrieben. Der Junge hatte sie zweimal mit aller Kraft in den Bauch geboxt. Jetzt stand er verlegen in der Ecke. Es schien ein türkischer Junge zu sein, vielleicht auch ein Kurde, jedenfalls ein Ausländer, wie selbst wir sagen, mag er auch in Köln geboren sein. Frau Euskirchen beteuerte, wie leid es ihr täte. Sie hätten sich in der Schule immer bemüht, daß alles friedlich bliebe. Sie hätten Kinder aus so vielen Ländern, und es sei doch alles immer harmonisch gewesen. Aber jetzt sei sie so hilflos. Der Junge sei ein echtes Problem. Er würde nicht auf sie hören, ein Kind, kaum älter als meine Tochter, acht oder neun. Schon mehrfach habe er andere Kinder geschlagen – aber noch nie so brutal. So etwas habe sie unter ihren Kindern noch nie erlebt. Und sie fühle sich doch verantwortlich für alle Kinder, auch für meine Tochter. Und dennoch habe sie die Gewalt nicht verhindern können. Jetzt schossen ihr Tränen in die Augen. Sie wolle nicht so eine Brutalität unter den Kindern. Aber der Junge würde einfach nicht hören auf sie, auf keine von den Betreuerinnen.

– Bitte reden Sie mit ihm, sagte sie und schaute mich beinahe flehend an.

– Das mache ich, sagte ich und meinte zu erraten, was wir beide dachten: Muslimische Jungen sind ein Problem in der Schule, sie neigen zur Gewalt und hören schon deshalb nicht auf ihre Lehrerinnen und Betreuerinnen, weil es Frauen sind. Dann hoffte ich, Frau Euskirchen würde bedenken, daß der Mann, den sie um Vermittlung bat, ebenfalls Ausländer war und seine muslimische Tochter nun wirklich nicht als Problemkind gelten könne mit ihrem sonnigen Gemüt, ihren musischen Interessen, der Teilnahme an der Kölsch-AG. Und Karnevalsprinzessin wäre sie auch gern einmal. Ich hoffte, daß Frau Euskirchen nicht alle muslimischen Kinder für gewalttätig und schwer integrierbar halten würde. Schnell wurde mir klar, daß es Unsinn war, was ich dachte. Wie konnte ich mir nur einbilden, daß Frau Euskirchen, die jeden Tag mit Kindern aus ganz unterschiedlichen Ländern zu tun hatte, nicht zu differenzieren wußte. Ich selbst war mir bewußt, daß es schwierige Kinder gibt, die blond sind, und schwarzhaarige, die beim Lesewettbewerb ganz vorne landen. Und dennoch hatte die Gewalttätigkeit mit ihrer kulturellen Prägung zu tun. Das dachten wir beide, ohne es auszusprechen. Erst überlegte ich, den Jungen nach Hause zu begleiten, um mit dem Vater zu sprechen, aber ich befürchtete, daß der Junge vielleicht Prügel bekommen würde, sobald er mit dem Vater allein wäre.

Ich nahm meine Tochter und den Jungen mit in ein leeres Klassenzimmer, wo wir uns an einen Tisch setzten, die beiden Kinder mir gegenüber. Ich forderte sie auf, mir jeweils ihre Sicht des Vorfalls zu schildern. Sie waren sich nicht uneinig. Der Junge leugnete nichts. Er sagte nur, daß meine Tochter im

Weg gestanden habe, als er die Treppe zum Schulhof runterstürmte, und nicht weggegangen sei, als er sie dazu aufforderte. Ja, richtig, später sei er noch einmal wiedergekommen und habe sie wieder geboxt, weil er das doof fand von ihr. Ich fragte ihn, ob er das in Ordnung fände, was er da gemacht hatte.

– Nee, war nicht in Ordnung, sagte er. Tut mir leid.

Ich erklärte dem Jungen, daß man sich manchmal ärgert über andere Kinder, daß man auch mal motzen oder im Notfall schreien könne, aber schlagen, das sei absolut verboten, verboten, verboten. Ich wiederholte das Wort dreimal. Und schon gar nicht ein Mädchen. Und schon gar nicht ein Mädchen, das kleiner ist. Das sei nicht nur blöd, sondern auch noch absolut feige. Ich war mir durchaus bewußt, daß ich an einen Ehrenkodex appellierte, den ich eigentlich ablehnte, aber spontan fiel mir kein anderes Argument ein, um den Jungen zu überzeugen.

– Wenn ich noch einmal höre, daß du irgend jemanden schlägst, egal wen, kriegst du richtig Ärger, sagte ich mit ruhiger Stimme und schaute ihm dabei grimmig in die Augen, wie ich es aus amerikanischen Filmen kenne.

Anfangs senkte er den Blick. Dann schaute er mich an und nickte.

– Ist in Ordnung. War doof von mir. Mach ich nicht mehr.

– Und was tust du jetzt?

– Ich entschuldige mich bei ihr.

– Dann tu's auch.

Er gab ihr die Hand.

– Tut mir leid.

– Okay, sagte meine Tochter.

Natürlich lebe ich privilegiert und natürlich gibt es andere bunt gemischte Viertel mit enormen sozialen Verwerfungen, in denen Gewalt an den Schulen keineswegs die Ausnahme ist. Der Zustand, daß Angehörige verschiedener Kollektive ohne Spannungen zusammenleben, mag zwar wünschenswert sein, ist aber aller Erfahrung nach unrealistisch. Wo Unterschiede sind, sind auch Konflikte. Entscheidend ist, ob sie friedlich ausgetragen werden, also nur mit Worten, und ob sie sich auf staatliches Handeln und die Unabhängigkeit der Justiz auswirken. Deshalb haben mich unter all den Ereignissen, Diskussionen und Entwicklungen nur zwei Phänomene wirklich nervös gemacht: zum einen die Gefahr terroristischer Anschläge durch Islamisten, denn sie führen unweigerlich dazu, daß die sozialen Konflikte weit häufiger als bisher in Gewalt umschlagen können, die Gewalt der Täter und die Gewalt als Reaktion auf ebendiese Taten. Die andere Entwicklung, die ich mit Sorge verfolge, ist der Umgang des Staates mit Menschen, die des Terrorismus verdächtigt werden, und die immer weitergehenden Gesetze, Erlasse oder auch nur Forderungen, die mit der Abwehr terroristischer Angriffe begründet werden. Hier werden die Grundprinzipien eben jenes Rechtsstaates verletzt, den es doch zu verteidigen gilt. Mit letzterem möchte ich beginnen und stellvertretend für viele Vorfälle und Tendenzen an den bekanntesten und wohl auch eklatantesten Rechtsbruch der vergangenen Jahre erinnern: den Fall Murat Kurnaz.

Wir sind Murat Kurnaz

DIESER BART. UND die Haare. Dazu diese Strähne über der Stirn, die wahrscheinlich einfach nur eine Strähne war, aber aus irgendeinem Grund, wahrscheinlich wegen der wüsten Frisur, fettig wirkte oder schweißnaß. Vor allem aber dieser Bart, dieser unglaubliche Bart, länger und krauser als der Bart von ... von ... – und schon war die Assoziation da, obwohl dessen Bart doch ganz anders aussieht, im Vergleich geradezu gepflegt: länger und krauser als der Bart von Bin Laden. Nein, sein Äußeres war nicht dazu angetan, Murat Kurnaz Sympathien einzubringen in seiner deutschen Heimat. Und doch war es eben dieser bärtige junge Mann mit den zotteligen Haaren, an dessen Geschichte abzulesen ist, was unsere Werteordnung uns wirklich gilt. Wir sind Murat Kurnaz.

Rechtsstaaten bieten keine Gewähr dafür, daß in ihnen alles nach Recht und Gesetz vor sich geht. Aber sie sollen garantieren, daß Rechtsbrüche geahndet werden und Opfern Gerechtigkeit widerfährt. Vor ihrem Gesetz und nur vor ihrem Gesetz sind alle Menschen gleich, der Bundespräsident und der mutmaßliche Extremist. Murat Kurnaz muß niemandem sympathisch sein. Sympathie darf überhaupt keine Rolle spielen. Er hat Rechte, Menschenrechte, die nicht verhandelbar sind und nicht von seinem Aussehen, seiner Religion oder seiner Reiseroute abhängen. Schon die Vorstellung, daß ein ethnischer Deutscher oder, sprechen wir es aus, ein Blonder oder ein Christ mit dem faktischen Einverständnis der deutschen Behörden unschuldig in Folterhaft bleibt, ist abwegig. Im Falle eines Bremers mit türkischem Paß ist sie es nicht mehr.

Der damals neunzehnjährige Kurnaz wurde im November 2001 bei einer Routinekontrolle von pakistanischen Sicherheitskräften festgenommen und gegen Kopfgeld an die US-amerikanischen Streitkräfte in Afghanistan übergeben. Die Amerikaner stuften ihn zunächst als »ungesetzlichen Kombattanten« ein und verlegten ihn im Januar 2002 in das Häftlingslager in Guantanamo Bay auf Kuba. Obwohl die Vorwürfe gegen ihn bald fallengelassen wurden und ein US-amerikanisches Bundesgericht seine Inhaftierung für rechtswidrig erklärte, blieb er noch bis August 2006 in Guantanamo Bay, weil die deutschen Behörden ihm die Einreise verweigerten. Laut dem damaligen US-Sonderbotschafter und Guantanamo-Beauftragten Pierre-Richard Prosper war der deutschen Bundesregierung seit 2002 bekannt, daß Murat Kurnaz unschuldig war. Entgegen den Aussagen des damaligen Kanzleramtsministers Frank-Walter Steinmeier hätte sich die deutsche Bundesregierung keineswegs für eine Freilassung eingesetzt. Der Bremer Innensenator Thomas Röwekamp erklärte 2004 öffentlich, daß Kurnaz nicht nach Deutschland einreisen dürfe, da seine Aufenthaltserlaubnis wegen seines Auslandsaufenthalts erloschen sei. Kurnaz habe versäumt, die Verlängerung der Wiedereinreisefrist zu beantragen. Das Bremer Verwaltungsgericht entschied im November 2005, daß die Aufenthaltserlaubnis weiterhin gültig sei, da Kurnaz keine Gelegenheit hatte, sie zu verlängern. Daß der Staat und zuoberst der damalige Kanzleramtschef sich moralisch wie juristisch höchst fragwürdig verhalten haben, wäre allein noch kein Grund, das Funktionieren des Rechtsstaates in Frage zu stellen. Nur kommt es darauf an, welche Konsequenzen das für diejenigen hat, die im Namen Deutschlands aktiv dazu beigetragen haben, daß einem Menschen fünf Jahre lang seine elementaren Rechte vorenthalten worden sind. Im Falle von Murat Kurnaz muß man feststellen: keinerlei Konsequenzen.

Es sind vor allem zwei Argumente, mit denen sich die damals verantwortlichen Politiker und Beamten verteidigen: Kurnaz sei ein Sicherheitsrisiko gewesen. Und er sei kein Deutscher. Das erste Argument stimmt: bis zum Jahr 2002. Der Anfangsverdacht gegen Kurnaz war berechtigt. Selbst sein Anwalt bestreitet das nicht. Aber nicht einmal unter Folter konnte irgendein Indiz dafür ermittelt werden, daß Kurnaz über Verbindungen zu militanten Islamisten gehabt hätte. Das heißt, seit dem Jahr 2002 war Murat Kurnaz kein Sicherheitsrisiko mehr. Seine Inhaftierung, erst in Afghanistan, dann in Guantanamo Bay, war nicht nur unrechtmäßig, sondern spätestens seit dem Jahr 2002 auch unbegründet. Und selbst wenn Kurnaz der Extremist wäre, für den die deutschen Behörden ihn anfänglich gehalten haben: Besteht das Wesen des Rechtsstaates nicht genau darin, daß er auch die rechtsstaatlich behandelt, die ihn bekämpfen? Statt dessen wurde Kurnaz von deutschen Beamten zunächst denunziert, später mehrfach verhört und nach eigenen Aussagen, die von den meisten Mitgliedern des Untersuchungsausschusses im Deutschen Bundestag als glaubwürdig eingestuft worden sind, geschlagen und beleidigt. Das ist ein Vorgang, der für sich schon so ungeheuerlich ist, daß er genügen sollte, um alle damals Beteiligten ein für alle Mal aus den Ämtern zu jagen. Schülerstreiche sind im Vergleich dazu alle Affären der letzten Jahre, die zu Rücktritten von Politikern geführt haben.

Das zweite Argument, das Sozialdemokraten zur Verteidigung ihres Außenministers vorgebracht haben, ist Kurnaz' türkische Staatsbürgerschaft. Womöglich haben sie juristisch recht, daß Deutschland nicht verpflichtet war, Kurnaz wieder einreisen zu lassen, obwohl er in Bremen geboren wurde (ob es auch noch korrekt war, bei den amerikanischen Kollegen um seinen Paß zu bitten, um die Aufenthaltsgenehmigung herauszureißen, steht auf einem anderen Blatt, das Frank-Walter Steinmeier sicher gern aus den Akten herausgerissen hätte). Aber selbst wenn Kurnaz ein Chinese mit Wohnsitz in Kenia gewesen wäre, hätten sich die deutschen Behörden – wenn sie denn die Möglichkeit hatten und sogar die Angebote, ihn freizulassen, vorlagen – um ein Ende der rechtswidrigen Inhaftierung bemühen müssen. Das hat nichts mit seinem Paß zu tun, sondern ist ein Gebot der Menschenrechte. Statt dessen haben sie bis hin zur Beugung des geltenden Ausländerrechts alles dafür getan, seine Rückkehr nach Deutschland zu verhindern. Daß Kurnaz damit weiter in der Rechtlosigkeit des amerikanischen Gefangenenlagers blieb, war ihnen klar. Es ist keine Aussage vermerkt, daß dies einem der damals Verantwortlichen auch nur unangenehm gewesen wäre.

Überhaupt das Argument des deutschen Passes – als ob er Murat Kurnaz als mutmaßlichem islamischem Extremisten genützt hätte. Khaled el-Masri, der Ende 2003 aufgrund einer Namensverwechslung vom US-amerikanischen Geheimdienst CIA nach Afghanistan entführt und dort schwer gefoltert wurde, ist Deutscher. Der Beistand, den Deutschland ihm geleistet hat, bestand offenbar aus Schlägen ins Gesicht, die ihm ein deutscher Beamter versetzt haben soll. Auch Mohammad Zammar, der 2001 von der CIA nach Syrien verschleppt wurde, ist Deutscher, und dennoch ist nicht bekannt, daß sich die deutschen Behörden besonders intensiv bemüht hätten, ihn vor syrischer Folter zu bewahren. Im Gegenteil: Dokumente von CIA und FBI bestätigen den Verdacht, daß die entscheidenden Informationen, die zu seiner Entführung durch amerikanische Agenten geführt hätten, aus Deutschland stammten. Zwar scheint Zammar tatsächlich Verbindungen zu terroristischen Gruppen gehabt zu haben. Aber seine mutmaßliche Schuld ist keine Erklärung dafür, daß deutsche Beamte ihn in Syrien, unter Bedingungen, die aller Rechtsstaatlichkeit spotten, verhörten. Der inzwischen fünfundsiebzigjährige Abdel-Halim Khafagy wiederum ist Ägypter, lebte aber schon 27 Jahre lang unbehelligt in Bayern, hat mehrere deutsche Kinder und ist anders als Zammar eines der Beispiele, die Politiker gern als gelungene Integration bezeichnen. Am 27. September 2001 wurde er in ein geheimes Gefängnis im bosnischen Tuzla verschleppt und nach Aussagen von Mitarbeitern des Bundesnachrichtendienstes schwer mißhandelt. Ein BND-Mitarbeiter nahm in Tuzla von den amerikanischen Kollegen Unterlagen entgegen, die teilweise mit dem Blut von Khafagy befleckt waren. Die Hilfegesuche seines Anwalts hingegen lehnten die deutschen Behörden ein ums andere Mal ab.

Ach, noch ein Argument fiel auf, das die Sozialdemokraten zu ihrer Verteidigung heranzogen: Gerade jenen, die Steinmeier anklagten, sei damals keine Maßnahme weit genug gegangen in der Bekämpfung des Terrorismus. Das stimmt nur halb. Ein Jahr nach dem 11. September wäre die Bundesregierung sicherlich von der christdemokratischen Opposition attackiert worden, hätte sie den »Bremer Taliban« nach Deutschland einreisen lassen. Aber immerhin: Mit Angela Merkel ist es eine Christdemokratin gewesen, die innerhalb kürzester Zeit erwirkt hat, was zuvor fünf Jahre lang angeblich absolut unmöglich und unverantwortlich war, nämlich die Rückkehr von Murat Kurnaz. Außerdem sind aus den Reihen der Christdemokratie nur einzelne Vertreter wie der Innenpolitiker Wolfgang Bosbach mit entschiedener Kritik am Außenminister hervorgetreten. Die meisten Politiker der CDU hielten sich zurück, sei es aus Gründen der Koalitionsarithmetik oder weil Murat Kurnaz einfach niemand ist, für den sich ein Christdemokrat leichten Herzens in die Bresche schlüge. Insofern träfe der Vorwurf der Heuchelei allenfalls einige wenige Politiker – ansonsten könnte die Kritik der CDU geheuchelt nur sein, wenn es sie gäbe. Und wer Wolfgang Bosbach sah, den innenpolitischen Hardliner, wie er um Worte rang, die dem Sachverhalt angemessen waren, ohne den Koalitionsfrieden aufzukündigen, der spürte, daß da einer nicht nur taktiert. Da schwang auch ehrliche Empörung darüber mit, wie der Staat, für dessen Schutz er stets an vorderster Front eingetreten war, die eigenen innersten Prinzipien verraten konnte. Woraus sonst könnte denn jene Überlegenheit des Westens abzuleiten sein, die gerade in diesen Jahren Politiker und Intellektuelle landauf, landab verkünden, wenn nicht aus Errungenschaften wie Menschenwürde, Rechtsstaatlichkeit und der Gleichheit aller Menschen?

Wenn Heuchelei im Spiel war, dann eher bei manchen Medien, die seinerzeit mit Warnungen vor dem Islam im allgemeinen und reißerischen Berichten über den Bremer Taliban im besonderen jene Stimmung mit erzeugt hatten, deretwegen die Behörden die Einreise von Murat Kurnaz fürchteten. Aber so sind nun einmal Medien: Sie schüren Ressentiments oder spiegeln sie wider. Das gehört zum Geschäft und ist letztlich normal, schließlich ist Aufklärung auch am Kiosk selten ein Kaufmagnet. Ebenso normal sind die Vorbehalte gegen Muslime, zumal angesichts der realen Gefahr islamistischer Anschläge. Ressentiments gehören zu Gesellschaften. Was fremd ist, ist für die meisten eine Bedrohung und wird nur von einer Minderheit als Bereicherung empfunden. Niemandem kann vorgeschrieben werden, Muslime zu mögen. Man darf sie für schrecklich halten. Man darf schreiben, daß sie schrecklich sind, oder ihren Propheten beleidigen. Auch das macht die Freiheit aus und gehört zu den Privilegien, aus denen die Muslime selbst als Minderheit Nutzen ziehen. Aber – und das ist der entscheidende Unterschied zwischen gesellschaftlicher Meinung und staatlichem Handeln – der Staat darf sich mit dem Ressentiment nicht gemein machen. Er muß am Gleichheitsprinzip auch dann und erst recht dann festhalten, wenn die gesellschaftliche Stimmung eine andere ist.

Daß Muslime in Deutschland der Rasterfahndung unterliegen oder bei der Einreise nach Deutschland aus der Reihe gewunken werden, ist nicht schön, das kann man auch für falsch halten – aber es ist durch Gesetze gedeckt und zumindest nachvollziehbar. Schließlich geht die Gefahr von Terroranschlägen eher von jungen muslimischen Männern aus als von älteren jüdischen Damen. Zur Verhinderung von Anschlägen gehen auch Demokratien bis an die Grenzen dessen, was rechtsstaatlich vertretbar ist. Wo die Grenze liegt, darüber befinden im Zweifel Gerichte. Die Fälle Kurnaz, el-Masri, Zammar und Khafagy hingegen liegen jenseits von allem, was auch nur entfernt mit Geist und Buchstaben des Grundgesetzes zu vereinbaren wäre. Deshalb bleiben sie bis heute beunruhigender als etwa das Gezänk um die Moscheen, wo immer sie erbaut werden sollen. Letzteres vergeht oder vergeht nicht. Es ist ein Problem für die Muslime. Hier aber hat der Staat sich an oberster Stelle an der Verletzung elementarer Menschenrechte beteiligt. Das ist ein Problem für Deutschland. Würde das Schule machen, wäre die vielbeschworene Werteordnung stärker erschüttert, als es der Terrorismus je vermöchte. Auch für die Integration von Migranten in Deutschland wären die Folgen verheerend. Wie, bitte schön, sollte denn künftig ein junger Deutscher türkischer oder arabischer Abstammung davon überzeugt werden, daß er kein Bürger zweiter Klasse ist? Und um in diesem Zusammenhang noch einmal auf das Stichwort Heuchelei zu kommen: Völlig zu Recht wurde die Frankfurter Richterin kritisiert, die im Gerichtssaal den Koran herangezogen hat, um eine vorzeitige Scheidung abzulehnen. Aber jene, die sich am lautesten über diesen Skandal erregten, waren am leisesten, nein, schwiegen konsequent zur Folterhaft von Murat Kurnaz.

Vielleicht unterscheidet sich die rechtliche Bewertung in den Fällen, in denen das Opfer eine deutsche Staatsbürgerschaft besitzt. Der internationale Haftbefehl gegen die Entführer Khaled al-Masris war ein starkes Indiz dafür, daß die deutsche Justiz noch weitgehend immun gegen den Virus ist, den der sogenannte Krieg gegen den Terror freigesetzt hat: die liberale Ordnung zu verteidigen, indem man sie aufgibt. Aber eine Regierung, schon gar eine, die sich außenpolitisch den Kampf gegen Menschenrechtsverletzungen und innenpolitisch die Integration von Migranten auf die Fahnen geschrieben hat, unterliegt auch einer politischen und moralischen Bewertung. Diese fiele schon weitaus milder aus, wenn den damals Beteiligten irgendein Zeichen des Bedauerns von den Lippen abzulesen gewesen wäre. Wieso sind die Herren Steinmeier und Schily nicht einmal nach Bremen gefahren, um Murat Kurnaz und seine Mutter zu besuchen? Sie hätten ihnen die dramatischen Umstände jener Monate nach dem 11. September erklären können. Sie hätten sagen können, daß sie sich im nachhinein falsch, aber unter den damaligen Umständen vielleicht doch nicht ganz ohne Grund so verhalten hätten, wie sie es getan haben. Speziell Frank-Walter Steinmeier ist niemand, der auf Beobachter und Freunde den Eindruck von Hartherzigkeit macht. Zumal als Außenminister bemüht er sich glaubhaft um den friedlichen Austausch zwischen Staaten und Kulturen, gerade auch um den Dialog mit der islamischen Welt. Hätte er sich erklärt, von Angesicht zu Angesicht – Rabiye und Murat Kurnaz hätten sich dem Gespräch und dem versöhnlichen Foto für die Presse kaum verweigert. So groß waren ihre Erwartungen doch nicht. Aus ihren Äußerungen war mehr Ratlosigkeit und Schmerz zu entnehmen als Wut und Anklage.

Ein Wort des Mitleids hätte ihr Leid nicht wiedergutgemacht und doch den gesamten Fall in ein anderes Licht gerückt. Man hätte fortan weniger über die individuellen Entscheidungen nachgedacht, die sich als falsch erwiesen, als über die politischen und medialen Umstände, unter denen ein Fall wie Murat Kurnaz überhaupt möglich geworden war. Aber nichts. Der ehemalige Innenminister Otto Schily trieb die Unverfrorenheit auf die Spitze, als er in einem Interview erklärte:

Wenn überhaupt jemand, solle Kurnaz sich gefälligst entschuldigen. Auch alle übrigen Beteiligten versicherten, sich absolut korrekt verhalten zu haben und sich unter vergleichbaren Umständen jederzeit wieder so verhalten zu wollen. Schlimmer noch: Sie verfolgten eine vierte Argumentationslinie zu ihrer Verteidigung, die widerlichste: die fortgesetzte und systematische Kriminalisierung von Murat Kurnaz. So einer, der muß doch Dreck am Stecken haben. Womit wir wieder beim Bart sind: daß die Strategie der Verantwortlichen und der *Bild*-Zeitung, aus dem Opfer einen Täter zu machen, bei Teilen der Bevölkerung aufging, dürfte auch mit seinem Aussehen zu tun gehabt haben.

Man braucht keine Phantasie, um sich auszumalen, wie sein wackerer Anwalt, seine verschreckte Mutter, vielleicht sogar besorgte Talkshow-Redakteure ihm vorsichtig oder energisch zuredeten, doch bitte zum Friseur zu gehen, bevor er an die Öffentlichkeit trat. Murat Kurnaz hat sich geweigert. Vielleicht lag dieser Weigerung gar keine Starrsinnigkeit zugrunde. Vielleicht handelte er viel rationaler, als es den Anschein hatte. Als alles vorbei war, als Murat Kurnaz keinen Untersuchungsausschuß mehr beschäftigte und durch alle Talkshows getingelt war, rasierte er sich den Bart ab, um wieder unbehelligt auf die Straße gehen zu können. Vielleicht waren die wilden Haare nur eine Tarnung gewesen, und jetzt sieht Murat Kurnaz wieder aus wie, nun ja, nicht wie der Durchschnittsdeutsche, aber mit glattrasierten Wangen und modischer Frisur wie einer von uns. Nur erkennen wir ihn nicht mehr auf der Straße.

Die Terroristen sind unter uns

VOR JAHREN SASS ich – damals noch ein Student, der seine ersten Reportagen schreiben durfte – mit Rudolph Chimelli nachts in einer Hotelbar zusammen, dem großen Reporter der *Süddeutschen Zeitung*, der seit Jahrzehnten aus dem Nahen Osten berichtet. Wir sprachen über Zukunftsaussichten, über persönliche Pläne, und Chimelli sagte, manchmal überfielen ihn Zweifel, ob er in ein paar Jahren als westlicher Besucher immer noch so unbeschwert über eine arabische Straße gehen könne. Ohne Ziel in den Städten des Nahen und Mittleren Ostens herumzustreifen, die Gastfreundschaft und Höflichkeit jeden Tag neu zu erleben, das sei für ihn das Schönste an seinem Beruf. Er ahne, daß einem westlichen Reporter diese Stunden in der Zukunft vielleicht nicht mehr vergönnt sein würden. Ich sagte es damals nicht so offen, dazu hatte ich als Jüngerer zu viel Respekt vor Chimelli, aber den Gedanken, daß ein Westler sich in der arabischen Welt, in einem traditionellen Wohnviertel nicht mehr sicher fühlen würde, hielt ich für absurd. Inzwischen fürchte ich, daß Chimelli Recht behalten könnte. Ich fürchte, daß ich meine europäischen Freunde in Zukunft nicht mehr überreden kann und sollte, auf eigene Faust einen Nachmittag in der Altstadt von Kairo oder eine Nacht auf dem Meydan al-Fnaa, dem großen, oft besungenen und bezaubernden Platz von Marrakesch, zu verbringen, um die gröbsten Vorurteile über die Araber oder die Muslime aus dem Kopf zu kriegen. Ich fürchte, daß sich ihre Vorurteile bestätigen könnten.

Wir, die wir viele Jahre zwischen dem Nahen Osten und Europa gereist sind, in beiden Regionen Freunde haben, die Pracht und den humanen Kern beider Kulturen kennen und versuchen, mit unseren Berichten das wechselseitige Verständnis zu fördern, stehen vor den Trümmern unserer Argumente. Keine noch so differenzierte Analyse des Islams, keine noch so einfühlsame Reportage über die arabische Welt kommt gegen die Bilder von einem Anschlag in der Londoner U-Bahn an. Wer wollte noch widersprechen, wenn vor der islamischen Gefahr gewarnt wird? Umgekehrt: Die tausend Jahre der europäischen Zivilisation, die dreihundert Jahre der Aufklärung, die sechzig Jahre der Allgemeinen Erklärung der Menschenrechte halten nicht dem Eindruck stand, den die westliche Politik jeden Tag aufs neue im Nahen Osten erweckt: mit den Kriegen Amerikas, mit der Unterstützung arabischer Diktaturen und der israelischen Besatzung, der offenen wirtschaftlichen Ausbeutung und – davon ist hier selten, aber in der islamischen Welt um so häufiger die Rede – mit den aggressiven Missionierungskampagnen evangelikaler Kirchen. Nicht einmal liberale, ja vollkommen europäisch ausgerichtete Intellektuelle im Nahen Osten widersprechen mehr, wenn vor der westlichen Gefahr gewarnt wird.

Ich kenne die Erwartungshaltung der europäischen Öffentlichkeit an uns, die wir den Nahen Osten ganz gut zu kennen meinen. Ich bin auch niemandem böse, der mir als Muslim eine besondere Verpflichtung zuschreibt, zu dem Terror und dem Unrecht im Namen meiner Religion Stellung zu beziehen. Distanzierungen? Ja, die sind schnell gesprochen und kostenlos herunterzuladen von den Homepages aller muslimischen Verbände. Das ist ein Ritual, dem ich unbeteiligt zusehe. In dem

Augenblick, in dem ich mich distanziere, billige ich dem Gegenüber das Recht zu, mich zu verdächtigen. Zu den Aufgaben und Pflichten muslimischer Organisationen gehört es, sich öffentlich zu bekennen, aber wenn ich als Individuum in Europa qua Religion oder Herkunft verdächtig wäre, die Barbarei zu unterstützen, sollte ich mir lieber gleich einen neuen Kontinent suchen, möglichst weit weg vom Weltgeschehen. Viel schwieriger als die Distanzierung ist es, sich und anderen begreiflich zu machen, wo die Ursache der religiös motivierten Gewalt liegt und was dagegen zu unternehmen wäre.

Ich möchte ein konkretes Beispiel geben für diese Schwierigkeit. Nach dem 11. September 2001 habe ich ein kleines Buch verfaßt, in dem ich zu erklären versuchte, warum freundliche junge Menschen ein Flugzeug kapern und sich mitsamt den übrigen Insassen in den Tod stürzen. Ich behaupte jetzt einfach mal frech und frei: Das ist ein richtig gutes Buch gewesen. Ich behaupte, man kann bis zu einem gewissen Grad begreifen, was in den Köpfen der Attentäter vor sich gegangen ist, wenn man die gedanklichen Hintergründe und die Biographien beleuchtet, man kann den Kick erahnen, den es bereitet, mit Hilfe einiger Taschenmesser und im Stil eines Science-fiction-Films eine Weltmacht vor laufenden Kameras als wehrlos vorzuführen, ihre leuchtendsten Symbole zu zerstören. Nun werde ich seit dem Erscheinen des Buches regelmäßig nach Erklärungen für alle möglichen Selbstmordanschläge gefragt, insbesondere nach der Welle von Attentaten im Irak. Und meine Antwort ist seit einiger Zeit: Ich habe keine Ahnung. Ich verstehe das auch nicht mehr. Ich weiß nicht, warum sich jeden Tag an einer Straßenkreuzung oder auf einem Marktplatz in Bagdad oder Nadschaf und inzwischen auch in Afghanistan jemand in die Luft sprengt, ohne daß ihn jemand sieht, außer den Opfern. All die Erklärungsmuster der politischen Gewalt und des Selbstopfers, die sich auf den Konflikt um Palästina oder die nihilistisch anmutende Zerstörungswut des 11. September anwenden lassen, greifen im Irak nicht. Es sind zu viele, zu blind anmutende Anschläge, die jeder für sich zu wenig öffentliche Wirkung erzeugen. Anders als in Palästina oder beim 11. September weiß ich nicht, woher diese Attentäter kommen, was ihre Biographien sind, mit welchen Methoden und Begründungen sie rekrutiert werden und von wem. Im Irak kommt es beinahe täglich zu einem Massenmord, der uns intellektuell vollkommen verschlossen bleibt.

Nun sind die Vorgänge im Irak auch deshalb so schwierig zu begreifen, weil es Beobachtern wegen der Sicherheitslage kaum möglich ist, das Land zu bereisen und mit den aufständischen Akteuren zu sprechen. Aber nehmen wir Iran. Jeder, der die Entwicklung in Iran aus der Nähe verfolgt hat, vermag die innen- und außenpolitische Konstellation aufzuschlüsseln, die zu der gegenwärtigen, in jeder Hinsicht deprimierenden Situation geführt hat. Die Gründe dafür, daß das Land heute einen Präsidenten hat, der alle Öffnungsbestrebungen der letzten Jahre in ihr Gegenteil verkehrt, liegen nicht im Dunkeln, so selten hier darüber zu lesen ist. Aber wird die Situation, indem sie verstehbar wird, weniger bedrohlich? Der iranische Präsident handelt keineswegs irrational, wie es oft dargestellt wird, es geht ihm nicht um die Weltherrschaft, er plant auch nicht die Vernichtung Israels, und schon gar nicht paßt er in die Schablone, die wir besonders schnell zur Hand haben: Er ist kein neuer Hitler. Ach Gott, wer war nicht schon alles Hitler, wenn man den berühmtesten Intellektuellen unserer Sprache glauben würde? Saddam war Hitler, Sharon war Hitler und George W. Bush ist sowieso der Oberhitler. Nun also Mahmud Ahmadineschad: Berlin 39 gleich Teheran 08. Das ist griffig, anschaulich – und wird jeder für irreführend, ja vollkommen blind halten, der auch nur einen Tag in Iran verbracht hat. Verstehbar wird die Situation dort erst, wenn man zu differenzieren beginnt, wenn man etwa die politische Indienstnahme und Radikalisierung des schiitischen Messiasgedankens analysiert, wenn man den durchaus rationalen, machtpolitischen Gründen für die widerlichen Auslassungen des Präsidenten über den Holocaust und Israel nachgeht, wenn man die Geheimdienst- und Sicherheitskader analysiert, aus denen Ahmadineschad hervorgegangen ist, und den gewaltigen Umbruch innerhalb der iranischen Gesellschaft berücksichtigt, auf den die radikalsten Zirkel innerhalb des Systems mit einer Art Putsch reagiert haben. Nur, und das ist der Punkt, auf den ich hinaus möchte: Differenzierung bedeutet nicht Vereinfachung und schon gar nicht Verharmlosung. Die derzeitige Lage in Iran ist tatsächlich bedrohlich – und zwar zuvörderst für die Iraner selbst, die Frauen, die Studenten, die kritischen Geistlichen, überhaupt alle Andersdenkenden und Andersgläubigen, besonders die Baha'is, bedrohlich für die Nachbarstaaten, auf die Iran Einfluß nimmt. Differenzierung ist die Voraussetzung, auf ein Problem angemessen zu reagieren. Differenzierung, das geduldige Hinsehen, das vorsichtige Abwägen ist unser Geschäft. An manchen Tagen habe ich den Eindruck, daß es vor dem Bankrott steht.

Wie oft lese ich einen Artikel oder höre jemanden im Fernsehen und denke: Ach, Kollege, fahr doch mal für einen Monat in ein arabisches Land oder lies ein Buch mit zumindest passabler wissenschaftlicher *credibility,* bevor du uns hier eine Fatwa über den Islam um die Ohren schlägst. Aber dann denke ich auch: Wenn der wüßte, wie tief das Desaster wirklich reicht! Wie katastrophal etwa der Zustand der Theologie ist! Nehmen wir die Azhar-Universität in Kairo, die größte religiöse Institution des sunnitischen Islams. Nein, sie ist keine Kommandozentrale im Krieg gegen den Westen. Im Gegenteil: Der oberste Scheich der Azhar-Universität sagt jeden Tag und jede Freitagspredigt nein zum Terror und tut alles, was seine Regierung und die westlichen Medien von ihm verlangen. Er versteht sich als Bollwerk gegen den Fundamentalismus. Aber – und das steht beispielhaft für die Lage des Islams – das intellektuelle Niveau, auf dem innerhalb der zentralen religiösen Autorität der sunnitischen Muslime über Religion nachgedacht wird, dürfte von den meisten evangelischen Gemeindepfarrern übertroffen werden. Die intellektuelle Auszehrung des orthodoxen Islams – dessen einstige Beweglichkeit einen nur staunen machen kann –, dieser Niedergang einer hochstehenden religiösen Kultur ist es, was den Fundamentalismus erst ermöglicht hat. Der Fundamentalismus ist nicht in der Orthodoxie entstanden, sondern ist eine Antwort auf die Krise der Orthodoxie. Weil die Orthodoxie keine Antworten mehr gab, hat sich in den städtischen Mittelschichten der politische Islam herausgebildet.

Der Niedergang der meisten arabischen Gesellschaften findet auf viel mehr Feldern statt als nur auf dem der Religion. Nicht zu den üblichen Klischees von der islamischen Gefahr passen die Befunde etwa des *Arab Human Development Report* der Vereinten Nationen oder – auf Europa bezogen – die Beobachtungen der universitären Migrationsforschung, die längst nicht so spektakulär sind wie die Inhalte von Bestsellern über den Islam oder das Scheitern der multikulturellen Gesellschaft. Aber sind die Befunde deswegen weniger alarmierend? Nein, im Gegenteil. An den meisten Hauptschulen, die nun einmal überproportional von Migrantenkindern besucht werden, ist nicht die Gewalt à la Ruetli, sondern die Perspektivlosigkeit das drängendste Problem. Umgekehrt läßt sich der Terrorismus der zweiten oder dritten Einwanderergeneration nicht durch die Integrationsmaßnahmen bekämpfen, die nach jedem Anschlag reflexartig angemahnt werden, weil es in der Regel gerade gut integrierte, gut gebildete, sozial engagierte, ihrer Biographie nach völlig verwestlichte junge Muslime sind, deren Konterfei nach Selbstmordanschlägen auf den Titelseiten zu sehen ist. Sie sind gerade nicht in den fremdsprachigen Enklaven Deutschlands aufgewachsen, haben die Nachmittage ihrer Jugend nicht in den Hinterhof-Koranschulen verbracht, ja, sie schienen Modellfälle einer gelungenen Integration darzustellen, intelligent, erfolgreich, von hoher sozialer und kultureller Kompetenz. Sie hatten durchweg gute Zeugnisse vorzuweisen, dachten über Ökologie, Stadtentwicklung oder die Sanierung historischer Altstädte nach, drehten sich zur Entspannung auch mal einen Joint und pilgerten am Wochenende nicht in die Moschee, sondern zum FC St. Pauli ins Stadion am Millerntor. Sie alle scheinen sich an einem bestimmten Punkt ihres Lebens und ohne ihren bisherigen Alltag deswegen aufzugeben, einem religiösen Milieu zugewandt zu haben, das sich tatsächlich von westlichen Einflüssen abzuschotten trachtet. Sie sind nicht aus diesem Milieu hervorgegangen, sondern haben es für sich entdeckt und sind von dort in eine sektenartig strukturierte, extremistische Gruppierung geraten, nicht anders als die Briten, Australier oder Amerikaner, die während des Afghanistan-Kriegs plötzlich in den Reihen der gefangenen al-Qaida-Kämpfer auftauchten. Die Gesinnung, auf die sie durch eine einschneidende Erfahrung oder Bekanntschaft gestoßen sind, scheint rückwärtsgewandt, gar archaisch zu sein. Aber die Entstehung dieser Gesinnung, die bei keinem der Attentäter etwas mit dem Islam ihrer Eltern zu tun hat, dieser Zugriff auf eine konstruierte Tradition ist durch und durch heutig. Noch indem es sich gegen die amerikanisch beherrschte Moderne und ihr politisches System wendet, ist das Psychogramm der Attentate ein modernes, städtisches und bürgerliches.

Wir werden den Terror vom 11. September, den Mord an Theo van Gogh, die Anschläge in London nicht begreifen, solange wir eine Debatte führen, die kaum etwas damit zu tun hat. Die Warnungen vor Parallelgesellschaften mögen berechtigt sein oder nicht – aber mit dem Terror in London, mit dem Mord an Theo van Gogh oder den Anschlägen vom 11. September haben sie nur an der Oberfläche etwas zu tun. Die Attentäter gehörten keiner parallelen, sondern unserer eigenen Gesellschaft an. Mit Sprachkursen und deutschsprachigen Predigten in den Moscheen ist diesem Terror nicht beizukommen.

Zu fragen wäre eher, warum ausgerechnet junge, gut ausgebildete, sozial engagierte und von ihrer Umwelt als freundlich beschriebene Menschen einen solchen Haß gegen den Westen entwickelten – und damit gegen die Gesellschaft, aus der sie selbst stammen. Zu fragen wäre, warum sie aufgehört haben, sich dieser Gesellschaft zugehörig zu fühlen. Die gleiche Frage ließe sich mit Blick auf die arabischen oder schwarzafrikanischen Jugendlichen in den französischen *Banlieues* stellen: Was ist geschehen, daß sie, obwohl sie die meiste Zeit ihres Lebens im Westen verbracht haben oder hier geboren sind, sich ab einem bestimmten Punkt vom Westen radikal abgewandt haben? Ich spreche hier über eine große Anzahl von Menschen in den europäischen Gesellschaften, nicht nur über Gewalttäter. Diese sind eine verschwindende Minderheit, aber der subjektive Eindruck, aus dem heraus sie sich gegen den Westen wenden, ist relativ weit verbreitet, soweit ich sehe – und zwar gerade unter Migranten der zweiten, dritten, vierten Generation. Es ist der Eindruck, niemals dazugehören zu können – niemals gemeint zu sein, wenn ein Staatsführer oder Fernsehkommentator »wir« sagt. Es ist das, was die Türkei gewissermaßen kollektiv erfährt: Selbst wenn sie eines Tages alle Bedingungen für eine Aufnahme in die Europäische Union erfüllen würde – am Ende bleibt sie draußen.

Dabei vergrößert die Hinwendung muslimischer Jugendlicher zu einer radikalisierten Tradition natürlich die Vorbehalte gegen sie, und die wachsenden Vorbehalte wiederum verstärken die Abkehr. Der Vorgang ähnelt einem Zirkelschluß. Daß das Ressentiment gegen Muslime insgesamt zunimmt, wenn immer mehr von ihnen sich in einem fundamentalistischen Lebenszusammenhang verbarrikadieren, ist nachvollziehbar. Aber dieses Ressentiment führt bei den übrigen nicht dazu, sich von ihrer eigenen Gruppe zu distanzieren. Denn der Preis, zu den anderen zu gehören, wäre die Loslösung von der eigenen Kultur. In den Titelgeschichten des *Spiegel* über Muslime in Deutschland, um ein Beispiel aus den Medien zu nehmen, werden jedesmal gute Türkinnen angeführt. Es sind die, die mit ihrem Elternhaus gebrochen haben und nun von tapferen Deutschen geschützt werden, damit sie unbehelligt in die Disco gehen können. Seitdem haben sie auch keine Probleme mehr bei der Wohnungssuche. Die Botschaft ist ebenso deutlich wie einfältig: Es geht doch, wenn ihr nur wollt! Der Impuls, der durch einen solchen Überlegenheitsdiskurs ausgelöst wird, ist bei den meisten jungen Muslimen, die ich kenne, ein völlig anderer: Ich bin nicht Onkel Tom. Womöglich hielten sie es für selbstverständlich oder haben nicht darüber nachgedacht, daß der Westen ihre Heimat ist, jetzt sind sie gezwungen, darüber nachzudenken, zu welchem »Wir« sie gehören. Sie sind in eine Entscheidung gezwungen: Gehörst du zu uns, kannst du nicht zu denen gehören. Die wenigsten Migranten der zweiten und dritten Generation scheinen diesen Schritt mitzumachen. Sie sehen kritisch, was im Namen des Islams geschieht. Aber sie können nicht einfach die Seiten wechseln. Zur Entscheidung gezwungen, entscheiden sich immer mehr Muslime – aus meiner Sicht – falsch: allein dadurch, daß sie sich für eine Seite entscheiden.

Ich vermute, hier genau entsteht diese Tendenz, oder vorsichtiger formuliert: könnte eines der Motive sein, sich entweder vollkommen von der eigenen Kultur loszusagen, sie mit jenem Eifer des Konvertiten zu bekämpfen, wie er in Talkshows oder Islamdebatten nicht selten zu beobachten ist, oder sich umgekehrt gerade durch die religiöse Andersartigkeit zu definieren. Letzteres passiert nicht nur den Attentätern, sondern sehr vielen jungen Menschen in Europa, die deswegen nicht gewalttätig werden. Sie identifizieren sich stärker mit ihrer islamischen Religiosität. Was in der Elterngeneration häufig ein selbstverständlicher Bestandteil des Lebens war, wird bei vielen jungen Muslimen zum lebensbestimmenden Element. In gewisser Weise passen sie sich genau dem Bild an, das sich die

Mehrheitsgesellschaft von Muslimen macht: ganz und gar durch die Religion definiert zu sein. Der Islam ist es dann, der dem »Wir« des Politikers oder Fernsehkommentators entgegengesetzt werden kann.

Analysen wie diese sind alles andere als umfassend. Sie tasten eher nach möglichen Erklärungen, nein, nach Bruchstükken einer Erklärung, die man zu anderen Bruchstücken fügen müßte, als daß sie Gewißheiten ermitteln könnten oder gar die *eine* Ursache für die Gewalt. Lösungen bieten sie schon gar nicht. Wollte man nur die letzten vier Absätze zu einem Statement zusammenfassen, das in eine Nachrichtensendung oder als Meinung in eine Talkshow paßt, würde man sich gar lächerlich machen: Muslime werden zu Terroristen, weil sie sich ausgeschlossen fühlen. Besser hält man den Mund. Das ist auch der Grund, warum ich seit einigen Jahren nicht mehr in Fernsehdiskussionen zum Islam auftrete und auch sonstige Podien meide. Ich bin für diese Art der Debatten, die es auf die Polarisierung, auf eingängige Behauptungen und eindeutige Meinungen anlegen, vollständig ungeeignet, wie ich festgestellt habe. Ich trage die Widersprüche ja selbst in mir, und wenn ich etwas sage, stellt sich in meinem Kopf der Einwand meist von selbst ein. In einem Vortrag oder einem Gespräch, in dem man nicht eine These an die andere reihen muß (beziehungsweise die gleiche These in jedem Statement wiederholt), sondern auch Ambivalenzen, Zweifel, Fragen formulieren kann, ist es noch einigermaßen möglich, einen Aspekt von mehreren Seiten zu beleuchten, aber in einer Talkshow geht man mit solchem Abwägen unter. Dort wird einem immer ein Lautsprecher gegenübersitzen, der mit seinen Verallgemeinerungen und Extrembeispielen die eigenen Zwischentöne zuverlässig schluckt. Und da ich Narr auch noch glaubte, auf den größten Unsinn, ja auf Ausfälle und Beleidigungen gegen die Kultur meiner Eltern antworten zu müssen, mithin Erklärungen lieferte, fand ich mich in der Öffentlichkeit rasch in einer apologetischen

Haltung wieder, die mir selbst zutiefst suspekt ist. Ich will den Islam nicht verteidigen, das ist überhaupt nicht meine Rolle. Meine Aufgabe als Autor ist die Kritik, genau gesagt, die Selbstkritik, und das bezieht sich in meinem Fall auf die europäische genauso wie auf die islamische Kultur. Anderen mag es auch in der Debattenarena gelingen, wo zwei oder vier Kontrahenten mit möglichst konträren Positionen aufeinander losgelassen werden, sich die selbstkritische Grundhaltung zu bewahren, auf Differenzierungen zu beharren. Ich selbst wünschte mir regelmäßig nach drei oder fünf Minuten nichts sehnlicher, als mich in Luft aufzulösen.

Wer es gut meint mit den Muslimen führt die erfolgreichen Beispiele ihrer Integration auf und liefert Statistiken, empirische Umfragen – aber Terroristen werden nicht dadurch zur Besinnung gebracht, daß sie eine verschwindende Minderheit bilden. Man verweist auf die sogenannten Moderaten, welche die Mehrheit der Muslime bildeten, oder fordert eine Reform des Islams ein, islamische Aufklärung, den islamischen Luther – bitte schön, sprecht mit den Moderaten, aber die werfen ohnehin keine Bomben, worüber also wollt ihr mit ihnen sprechen? Bitte schön, erfindet den islamischen Luther, aber glaubt nicht im Ernst, daß Herr Bin Laden auf ihn hören wird. Es gibt viele Gründe, den Islam neu zu denken, und viele muslimische Gelehrte sind damit beschäftigt. Aber illusorisch ist es, zu meinen, eine Version des Islams, die nur endlich mit den Menschenrechten kompatibel ist, werde dem Terror den Boden entziehen. Der Boden des Terrors sind die gesellschaftlichen und politischen Zustände. Gewiß kann man hier und dort Maßnahmen ergreifen und Versäumnisse nachholen: noch mehr Kameras an öffentlichen Orten, noch mehr Befugnisse und Personal für die Geheimdienste, noch mehr Dialog mit islamischen Gemeinden. Es wird hoffentlich immer wieder gelingen, wie jüngst in London oder im Sauerland Anschläge zu vereiteln. Sicher aber ist, daß auch in Zukunft Anschläge gelingen werden. Ich wüßte nicht und niemand weiß, wie das zu verhindern sein soll. Und ich ahne und jeder ahnt, was die Folgen für das Zusammenleben mit Muslimen in Europa sein werden.

Die meisten, die sich in den neunziger Jahren mit dem Islamismus beschäftigt haben oder im Nahen Osten als Reporter unterwegs waren, hatten mit dem französischen Islamwissenschaftler Gilles Keppel geglaubt, daß der Islamismus seinen Zenith überschritten habe. Auch ich hatte bei meinen Reisen nach Iran, nach Zentralasien oder in die arabische Welt den Eindruck gewonnen. Wir hatten die terroristischen Gruppierungen keineswegs übersehen oder auch nur unterschätzt. Aber wir hatten den Terrorismus als Folge des Niedergangs dieser Ideologie gedeutet. Der größere Teil des politischen Islams hatte den Weg der iranischen Reformer oder der Gerechtigkeitspartei in der Türkei eingeschlagen. Er war auf dem Weg zu einer Art islamischer Christdemokratie, konservativ, wertorientiert, aber eindeutig in der Ablehnung der Gewalt. Nicht vorausgesehen hatten wir, daß es den radikalsten Kräften gelingen könnte, die Ideologie des Glaubenskriegs durch ihre Globalisierung neu zu beflügeln. Ebensowenig hatten wir mit einem Krieg gegen den Terror gerechnet, der in der Dummheit und Brutalität seiner Mittel wie eine Bluttransfusion für den weltweiten Radikalismus und Antiamerikanismus wirkt. Jahrelang habe ich landauf, landab verkündet, daß es den Haß der muslimischen Massen auf den Westen gar nicht gäbe. Wenn Araber oder Iraner den Westen kritisierten, dann meistens wegen seiner doppelten Standards, also daß der Westen im Umgang mit nichtwestlichen Staaten seine eigenen Standards verrät. Das ist keine Kritik an den westlichen Werten, sondern im Gegenteil eine Forderung, sich endlich gemäß den eigenen, westlichen Werten zu verhalten, statt Diktatoren wie Saddam Hussein oder Extremisten wie die Taliban zu unterstützen. Inzwischen bin ich mir gar nicht mehr so sicher, ob der Haß auf den Westen wirklich nur eine Projektion ist.

In einer Welt, in der die sozialen Unterschiede so gewaltig, die Machtverteilungen so ungleich, aber zugleich der Informationsfluß so breit ist, muß man sich vielleicht an den Verlust persönlicher Freiheiten gewöhnen. Vielleicht ist das, was kommt, normal im Vergleich zu dem Frieden in Wohlstand, den wir im Westen genießen. Vielleicht müssen wir uns an eine Welt gewöhnen, in der wir unsere Toleranz und unsere Freiheit nur noch in *gated communities* verwirklichen. In amerikanischen oder asiatischen Großstädten verbarrikadieren sich diejenigen, die sich zivilisiert wähnen, jetzt schon hinter Mauer und Stacheldraht und würden den Fuß nicht in bestimmte Viertel setzen. Auch in Deutschland gab es *no go areas*, lange bevor der Begriff durch die Medien kursierte. Jeder Migrant aus Afrika oder dem Nahen Osten, der in Berlin wohnt, weiß, daß er in bestimmten Gegenden Brandenburgs besser nicht allein unterwegs ist und auf keinen Fall abends. Damit kann man leben. Man geht einfach nicht hin. Und doch habe ich in letzter Zeit häufiger den Alptraum, daß es gar keinen Ort mehr geben könnte in Europa, an dem die Muslime leben können.

Sieht man von der niederländischen Debatte nach dem Mord an Theo van Gogh ab, haben Europas Regierungen bislang recht besonnen auf islamistische Anschläge in ihrem Land reagiert. Soweit ich es wahrgenommen habe, gab es kaum kollektive Beschuldigungen, im Gegenteil: In Spanien und Großbritannien haben die Regierungschefs Zapatero und Blair nach den Anschlägen demonstrativ das Gespräch mit Vertretern der muslimischen Gemeinden gesucht. Sie taten den Terroristen also nicht den Gefallen, den Spalt zwischen der Mehrheitsgesellschaft und ihrer muslimischen Minderheit noch zu vertiefen. Denn das ist offenkundig eines der Ziele der Attentate: daß das wachsende Ressentiment gegen Muslime deren Radikalisierung zur Folge hat. Auch in Deutschland hat die Bundesregierung nach den versuchten Anschlägen auf zwei Regionalzüge vernünftig reagiert. Vor vier Jahren hätte ich mir nicht vorstellen können, einen christdemokratischen Innenminister für seine Integrationspolitik zu loben. Um so erfreuter bin ich stolz auf die deutsche Politik, die bislang auch auf der rechten Seite des politischen Spektrums dem naheliegenden Populismus einigermaßen widerstanden hat. Keineswegs also stimme ich in das allgemeine Wehklagen über den Rassismus oder die Islamfeindlichkeit der europäischen Regierungen ein. Aber dann stelle ich mir vor: zwei, drei spektakuläre Anschläge in Deutschland mit vielen Toten – und nicht nur weite Teile der Bevölkerung, nicht nur die für ihre Feindbildproduktion einschlägig bekannten Zeitungen und Sender, sondern auch die Politik wird gegen Muslime Stimmung machen. Das wird überhaupt nicht zu vermeiden sein und wäre in keinem anderen Land anders. Wenn es in Iran eine Anschlagsserie von Armeniern gäbe, würden nicht nur armenische Extremisten, sondern die armenische Minderheit insgesamt für die Gewalt verantwortlich gemacht werden. Wenn in den USA nicht Muslime, sondern Mexikaner das World Trade Center zum Einsturz gebracht hätten, wären nicht Turbane, sondern Sombreros lebensgefährlich geworden.

Daß ein gesamtes Kollektiv für die Tat einzelner verantwortlich gemacht wird, ist keine vernünftige, aber selbstverständliche Folge der Gewalt, die im Namen dieses Kollektivs begangen wird. Wenn die Menschen in Europa nicht mehr nur abstrakte, sondern reale, alltägliche Angst vor denen haben, die im Namen des Islams Gewalt ausüben, gehören wir Muslime, alle Muslime, zum Kollektiv der Täter. Die Muslime in Europa werden dann unter einem permanenten Druck stehen, sich von den Tätern zu distanzieren und ihren Glauben zu rechtfertigen, und sich dabei wie der Hamster im Rad fühlen: Jeder neue Anschlag entzieht ihren Beteuerungen den Boden, daß der Islam doch eine friedliche Religion sei und sie gern in Europa lebten, und zieht neue Appelle nach sich, sich endlich zu distanzieren. Andere Stimmen werden dann vielleicht die

Muslime in Schutz nehmen und sagen, daß man sie nicht kollektiv verdächtigen dürfe. Aber die Rhetorik auch der Wohlmeinenden ist von der Wahrnehmung geprägt, daß ein westliches oder europäisches »Wir« angegriffen worden ist von einem muslimischen »Ihr«, das nicht zu dem »Wir« gehört. Gerade weil ich als Muslim in Deutschland Freizügigkeit und Toleranz genieße, fürchte ich mich vor einer Entwicklung, an deren Ende uns als Minderheit diese Freizügigkeit und Toleranz nicht mehr entgegengebracht würde.

Vor einiger Zeit war meine Cousine, die als Architektin in Kalifornien lebt, mit ihrer Familie zu Besuch bei uns in Köln. Sie fragte, was denn die Menschen in Deutschland und Europa über den Islam dächten. Was sollen sie schon denken? fragte ich achselzuckend: Lies die Nachrichten von heute, dann weißt du, was sie denken müssen. Die Cousine erinnerte sich an die vereitelten Anschläge auf die Regionalzüge und die Holocaust-Rede des iranischen Präsidenten, die gerade für Entsetzen gesorgt hatten, und fragte nicht mehr nach. Mein Freund, der sehr religiös ist, schaltete sich in das Gespräch ein. Seine Frau habe begonnen, alle islamischen Insignien aus dem Wohnzimmer zu entfernen, also vermutlich den alten Koran unter dem Glastisch oder irgendwelche Kalligraphien. Dabei hat sie einmal etwas sehr Kluges über das islamische Ritualgebet geschrieben, über die spirituelle Bedeutung der arabischen Laute und des Bewegungsablaufs, der dem Yoga, Tai Chi oder der körperbezogenen Psychotherapie vergleichbar ist. Aber nun halte seine Frau es nicht mehr aus, daß, wo immer sie hinsehe, der Islam nur noch Unterdrückung, Kopftuch, Mord bedeute. Ich sagte meinem Freund, daß wir doch nicht von dem Erbe unserer Eltern und Großeltern lassen dürften, von all den Schätzen, der Literatur, der Mystik, der Mitmenschlichkeit, die uns im Namen des gleichen Islams gelehrt worden seien, daß wir nicht unsere Vergangenheit wegwerfen dürften, nur weil uns die aktuellen Nachrichten nicht gefielen.

Ich war erschrocken. Wenn schon mein Freund und seine Frau sich abwenden, wer bleibt dann schon übrig, dachte ich. Ich sagte, daß der Islam aus westlicher Sicht nur Unterdrükkung, Kopftuch, Mord sei, das sei verständlich, denn so seien nun einmal die Nachrichten. Aber diese Sicht dürften wir, die wir mit dem Islam aufgewachsen sind und die Kulturen kennen, diese Einseitigkeit und Verkürzung dürften wir uns doch nicht zu eigen machen. Was er denn wohl glaube, was der Westen sei aus, sagen wir, irakischer oder palästinensischer oder afghanischer Sicht, nur Ausbeutung, Heuchelei, Krieg – ob wir deswegen auf den Westen verzichten dürften, auf Beethoven, auf die Aufklärung, die ganze Literatur, Kafka, die Menschenrechte, alles weg, alles Lüge, nur weil die Außenpolitik der Bush-Regierung verbrecherisch und Halliburton hinter dem Öl her sei? Mein Freund stimmte mir zu, daß man weder denen die Kultur überlassen dürfe, die sie in den Dreck ziehen, noch mit denen sich gemein machen, die uns verachten. Er ist verunsichert. Seine Frau wird sich etwas Buddhistisches suchen und nicht wissen wollen, was die nun wieder alles verbrechen in Sri Lanka oder was weiß ich wo.

Der Koran und die Gewalt

EINE SZENE AUS dem Alltag des deutschen Islamdialogs: Zwei deutsche Islamexperten diskutieren mit einem Muslim die sogenannte »Islamische Charta«, in der sich der Zentralrat der Muslime in Deutschland zu den Grundsätzen der deutschen Verfassung bekennt, so zur Demokratie, zu den Menschenrechten und einem säkularen Rechtssystem. Auf dem Podium belehren die beiden Experten den Muslim, daß seine Charta überhaupt nicht mit dem Islam zu vereinbaren sei. Der Islam, so sagt einer der beiden Experten, kenne keine Trennung von Staat und Religion. Deshalb müßten Muslime wesentliche Teile ihres Glaubens aufgeben, wollten sie tatsächlich das Grundgesetz anerkennen. Zum Kernbestand des Islams gehöre, ergänzt der zweite Experte, daß jeder Muslim verpflichtet sei, den Islam gewaltsam zu verbreiten. Der Muslim widerspricht heftig.

Predigt der Koran die Gewalt? Die beiden Experten belegen ihre These mit Versen aus dem Heiligen Buch der Muslime, so wie es deutsche Diskutanten stets tun: Kaum eine öffentliche Veranstaltung zum Islam, bei der nicht die deutschen Dialogpartner und, wenn nicht sie, dann zwei, drei Zuhörer aufspringen und den muslimischen Rednern aggressive Verse aus dem Koran entgegenhalten. Gerade im Internet sind Dutzende von beängstigenden Äußerungen im Umlauf. Viele davon sind schlicht erfunden oder tendenziös übersetzt. Aber die korrekten Zitate genügen, um die islamische Gefahr zu beschwören, so der Verweis auf Sure 4:81: »Kämpfe nun um Gottes Willen! Und feuere die Gläubigen an.« Ein anderer Vers, der im »Dialog mit den Muslimen« selten fehlt, ist Sure 2:191: »Und tötet sie (die Heiden), wo immer ihr sie findet.« Noch häufiger zitiert, ja wahrscheinlich der im Westen bekannteste Vers des Korans ist Sure 8:12, gewöhnlich als einfaches »Schlagt sie tot« übersetzt: »Haut ihnen (den Heiden, Ungläubigen) auf den Nacken und schlagt zu auf jeden Finger von ihnen.« Solche Zitate werden von Muslimen am liebsten mit anderen Zitaten beantwortet. Um im interreligiösen Dialog zu bestehen, verweisen sie auf die Barmherzigkeit Gottes, die der Koran am Anfang jeder Sure hervorhebt, oder auf das Wort »Islam«, das sich von der Wurzel »salama« ableitet, also vom Wort Frieden. Unter den Versen, die Muslimen zum Nachweis ihrer eigenen Friedfertigkeit dienen, ist der beliebteste gewiß Sure 2:256: »Kein Zwang in der Religion.« Auch Sure 5:32 scheint den Humanismus des Islams zu unterstreichen: »Wenn man einen Menschen tötet, ist es, als töte man die ganze Menschheit.«

Man kann ein solches Surenpingpong beliebig fortsetzen. Nur über den Koran selbst erfährt man dabei nichts. Einzelne Verse, aus ihrem textuellen und historischen Kontext gerissen und von ihrer Rezeptionsgeschichte abgetrennt, sagen nichts aus, weder über die Friedfertigkeit noch über die Gewalt des Korans. Den Koran als Steinbruch zu behandeln, aus dem man sich nimmt, was einem gerade paßt, widerspricht seiner sprachlichen und kompositorischen Struktur. Zugleich steht es den wichtigsten Deutungstraditionen des Islams entgegen. So gedankenlos man heute auch in der islamischen Welt selbst mit dem Koran umgeht, da es CD-ROMs und das Internet erlauben, ihn nach beliebigen Stichwörtern zu durchsuchen, so war sich doch die islamische Theologie immer bewußt, daß der Koran nur in der Gesamtheit seiner Aussagen und mit Blick auf die Bedingungen seiner Genese verstanden werden kann. Man wußte, daß er die Sammlung der deutungsbedürftigen und vieldeutigen Offenbarungen ist, die der Prophet Mohammed im Verlaufe von dreiundzwanzig Jahren in spezifischen historischen Situationen empfangen hat; die islamische Theologie hat die Aussagen des Korans immer vor dem Hintergrund dieser Situationen gedeutet, denen sich ein eigener Zweig der Koranwissenschaft widmet, die Wissenschaft von den »Anlässen der Offenbarung« *(asbâb an-nuzûl)*. Das ist noch keine historisch-kritische Betrachtungsweise, bedeutet aber nichts anderes, als daß die islamische Theologie die Botschaft des Korans von Beginn an im Kontext ihrer Entstehung verstanden hat. Dadurch konnte sie auch mit jenen Widersprüchen umgehen, die unauflösbar erscheinen, wenn man nur einzelne Zitate gegeneinander hält.

Insbesondere in der ersten Verkündigungsperiode hat der Koran die Anwendung von Gewalt zur Ausbreitung des Glaubens ausdrücklich verboten. Wer die Toleranz des Islams zu belegen sucht, wird daher vorzugsweise in diesen frühen Suren fündig werden. In Medina wird das Gewaltverbot an einer Stelle explizit aufgehoben, nämlich in Sure 4:77. »Denjenigen, die gegen die Ungläubigen kämpfen, ist die Erlaubnis zum Kämpfen erteilt worden, weil ihnen vorher Unrecht geschehen ist«, heißt es dort. Die Erlaubnis ist ihnen für diesen Fall »erteilt worden«, das heißt, vorher war ihnen die Anwendung von Gewalt verboten gewesen. Wie man aus der Sure weiter erfahren kann, waren die Muslime über diese Änderung zunächst irritiert; offenbar schreckten sie davor zurück, die alten Stammesbrüder nun militärisch zu bekämpfen: »Hast du nicht jene gesehen, zu denen man anfänglich sagte: Haltet eure Hände vom Kämpfen zurück und verrichtet das Gebet und gebt die Almosensteuer? Als ihnen dann vorgeschrieben wurde zu kämpfen, fürchtete auf einmal ein Teil von ihnen die Menschen.« An dieser Stelle, als sich der Konflikt zwischen dem Aufrührer Mohammed und den mekkanischen Eliten zugespitzt hat, kommt nun die Aufforderung, sich zur Wehr zu setzen. Die beliebten Zitate wie Sure 8:12 – »Haut ihnen auf den Nacken!« – haben hier ihren historischen Kontext. Sie wurden vom Hauptstrom der islamischen Theologie immer auf die damaligen Umstände bezogen und nicht als eine generelle Aufforderung verstanden, Ungläubige zu bekämpfen. Die Aufgabe der Theologie bestand gerade darin, die allgemeine und zeitlose Haltung des Schöpfers zu verstehen, die unter verschiedenen historischen Bedingungen zu unterschiedlichen Aussagen führt. Daß die übergeordnete Botschaft des Korans auf den Frieden zielt, wie die islamische Theologie stets befand, ist keine bloße Floskel für den Dialog der Religionen; die Dialektik von Wehrhaftigkeit und Ausgleich, die die historische Situation der frühen Muslime widerspiegelt, zieht sich durch die gesamte Offenbarungsgeschichte hindurch, um immer wieder darauf zu verweisen, daß das Gewaltmonopol bei Gott liegt: Der Mensch darf nicht tun, was Gott vorbehalten ist. Dutzende Verse im Koran betonen, daß der Ungläubige die Strafe schlimmer erfahren wird, als je ein Mensch sie ihm zufügen könnte: nämlich im Jenseits. Aber es gibt auch zwei eindeutige Ausnahmen vom Tötungsverbot: zum einen die Bestrafung des Mörders, zum zweiten das Töten im Kampf zur Verteidigung. Der Koran predigt also keineswegs den Pazifismus, setzt der Anwendung von Gewalt aber klare Grenzen.

Nun bestehen Religionen nicht nur aus den Buchstaben, die Gott offenbart hat, sondern auch aus denen, die der Gläubige ignoriert. Bevor ich Islamwissenschaft studierte, wußte ich nichts von den Koranversen, die zur Gewalt aufrufen. Obwohl ich in einem religiösen Haus aufgewachsen bin, in dem täglich gebetet wurde und wird, bin ich genausowenig damit konfrontiert worden wie evangelische Kinder im Konfirmandenunterricht mit, sagen wir, dem Gesetzbuch Moses oder der Offenbarung des Johannes. In den Gebeten tauchen diese Passagen nicht auf, und die Religiosität meiner Eltern und Großeltern wirkte auf mich so tolerant und friedliebend, daß es für mich völlig natürlich war, zu glauben, daß »die Wege zu Gott so zahlreich wie die Atemzüge des Menschen« sind, wie ich es in einem Prophetenspruch oft zu hören bekam. Ich hatte durchaus kritische Fragen, aber die betrafen weniger die Gewaltverse, die ich ja nicht kannte, als die martialischen Strafen der Scharia, von denen ich auch in meinem christlichen Religionsunterricht in der Schule gehört hatte. Als ich mich vor einiger Zeit mit meiner Mutter darüber unterhielt, weil die Zeitung an dem Tag von einer Steinigung in Iran berichtete, erfuhr ich, daß sie die Antworten, die sie mir als Kind gegeben hatte, selbst als Kind von ihrem Vater gehört hatte. Vater, was ist denn das für eine Religion, fragte sie als junges Mädchen meinen Großvater, daß sie Steinigungen vorsieht? Dann wurde Großvater zornig, nicht über seine Tochter, sondern über jene Mullahs, die schon damals die Steinigungen wieder einführen wollten. Diese drakonischen Strafen, jede einzelne von ihnen, sind dafür da, niemals vollzogen zu werden, sagte er erregt, und ging für jede einzelne die Bedingungen durch, für das Abhacken der Hand, das Schlagen der Ehefrau und die Steinigung bei Ehebruch. Das Handabhacken dürfe man nicht mehr wörtlich verstehen, mit dem Schlagen der Ehefrau sei nur ein symbolischer Schlag mit einem Zahnstocher auf den Handrücken gemeint, wie es der Prophet vorgeführt habe, und die Steinigung erklärte er meiner Mutter etwa in den folgenden Worten (an seinen dringlichen Duktus in Angelegenheiten des Glaubens und der Moral kann auch ich mich noch gut erinnern):

– Es müssen vier Zeugen beim Vollzug nicht nur anwesend sein, sondern sie müssen eine Schnur ziehen zwischen den beiden Verdächtigen, und die Schnur muß hängenbleiben. Was soll das wohl bedeuten, na? Ist das realistisch? Kann man sich eine Situation vorstellen, in der vier männliche Zeugen einen

Mann und eine Frau beim Liebesakt erwischen und die beiden seelenruhig aufeinander liegenbleiben, damit zwischen ihnen eine Schnur durchgezogen werden kann, die sich dann verheddert? Verstehst du denn nicht, daß der Sinn einer solchen Bedingung der ist, daß sie sich niemals erfüllt? Was sollte das vor tausend Jahren signalisieren? Hast du dich jemals erkundigt, wie die Araber vor dem Islam den Ehebruch bestraft haben?

Als Islamwissenschaftler weiß ich, daß die Antwort weder historisch noch theologisch ganz einwandfrei ist. Aber sie ist für eine muslimische Erziehung mit Sicherheit typischer als die Fatwas muslimischer Fundamentalisten und westlicher Islamexperten, die den Islam zu einer Karikatur seiner selbst machen, wenn sie den Koran auf ein wörtlich anzuwendendes Gesetz reduzieren. Nicht nur mein Großvater argumentierte so, ich habe es von meinen Eltern und anderen Verwandten ähnlich oft gehört, als ich so alt war wie damals meine Mutter: Berücksichtige den Kontext, begreife die überzeitliche Bedeutung, denk immer daran, daß der Koran uns zu guten Taten anleiten will, zu Taten der Barmherzigkeit und Mildtätigkeit; die guten Taten stehen sogar über den Gebeten. Abgesehen davon stand von der Steinigung ohnehin nichts im Koran, wie Großvater betonte, aber die Pfaffen wollten es nicht begreifen, wollten nicht wahrhaben, was ihre eigenen Bücher lehrten. Für sie war Gott nicht zuallererst der Erbarmer, der Barmherzige, sondern ein Scharfrichter und sie die Henker. Das brachte ihn zur Weißglut, wie ich selbst vor Augen habe. Und jetzt stand in der Zeitung, daß in Iran die Steinigung wieder eingeführt worden sei. Das ist doch unfaßbar, murmelte meine Mutter, da bleibt doch nichts übrig von der Ehre des Islams.

Tatsächlich hatte das positive Islambild meiner Kindheit schon Risse bekommen, lange bevor deutsche Islamexperten den Koran so darstellten, als bestünde er nur aus Aufrufen zu Mord und Totschlag. Es war einfach nicht zu übersehen – nicht einmal für einen Dreizehn-, Vierzehnjährigen –, daß die Gewaltherrschaft in Iran sich mit dem Koran und der islamischen Tradition legitimierte. Wegen der religiösen Diktatur emigrierte die Mehrheit meiner Familie nach Amerika, manche mußten auf abenteuerliche Weise über die kurdischen Berge fliehen, ein Cousin saß jahrelang im Gefängnis, der Schwager meiner Tante wurde hingerichtet. Das alles geschah in unserer eigenen Familie, die so große Hoffnung auf die Revolution gesetzt hatte, und man wird sich die Erbitterung vorstellen können, mit der in den abendlichen Runden über die politischen Zustände debattiert wurde und wird. Zugleich konnte ich – und zwar nicht nur aus emotionalen Gründen – die Werte meiner eigenen religiösen Erziehung nicht vergessen und das Vorbild an Güte nicht übersehen, das mir manche ältere und besonders fromme Verwandte weiterhin waren.

Natürlich gibt es eine Reihe von koranischen Aussagen, die im Widerspruch zur Allgemeinen Erklärung der Menschenrechte stehen. Dieser Widerspruch löst sich auch nicht immer mit Blick auf die Offenbarungsgeschichte auf. Wenn man im Falle des Korans allein die bekannten *hudûd*-Strafen nimmt, das Abhacken der Hand bei Diebstahl etwa, dann hilft alles Dialogisieren nicht darüber hinweg, daß sie im Koran ausdrücklich vorgesehen sind. Die Frage ist aber, wie sich Muslime zu diesen Versen verhalten, wie sie Aussagen, die in einem bestimmten historischen Kontext stehen, auf eine andere Zeit beziehen: Der einzelne Gläubige mag sie ignorieren, speziell in der Erziehung seiner Kinder. Theologie hingegen kommt um diese Frage nicht herum. Das Spektrum der Antworten reicht im Islam von der unbedingt wörtlichen Auslegung bis zu Interpretationen, die dem Koran jegliche Relevanz für die Gesetzgebung absprechen.

Im Christentum ist das nicht grundsätzlich anders, und zwar nicht nur mit Blick auf das Alte Testament. Auch das Neue Testament fordert Rechtsnormen, die Bereitschaft zur Selbstaufgabe und eine religionsgeschichtlich einzigartige Anstrengung zur Mission, die sich gegen dialogisches Geplänkel sperren. Und nicht anders als bei den islamischen Terroristen wurde auch das Schwert, das Jesus in Matthäus 10:34 zu bringen verkündet, im Christentum bis in die jüngste Zeit immer wieder wörtlich verstanden, wenn man an die religiöse Verbrämung der Apartheid in Südafrika denkt, an die christliche Argumentation der serbischen Extremisten, die Ankündigung Silvio Berlusconis, die islamische Welt »zu erobern«, oder die christliche Weihe, mit der ranghohe Vertreter der orthodoxen Kirche den russischen Krieg in Tschetschenien versehen haben.

Religionen sind schroff, allein schon ihr Anspruch auf absolute Wahrheit ist an sich ein Skandal. Darin liegt ihre Gefahr, darin läge zugleich auch jenseits allen Relativierens heute die Kraft des offenbarten Wortes: daß es aus einer anderen Welt zu stammen scheint und nicht einfach sagt, was wir ohnehin denken. In seiner ganzen Gewaltigkeit, Anmaßung und Absolutheit kann es sich allerdings erst entfalten, sofern es nicht staatliches, die Andersdenkenden verpflichtendes Gesetz ist. Das heißt, die Religionen selbst bedürfen des säkularen Rahmens, wenn ihre Aussagen nicht so weit nivelliert werden sollen, daß von ihrer Botschaft ein allgemeines Gutmeinen übrigbleibt. Ihren Anspruch können sie nur in einem Staat zur Geltung bringen, der selbst religiös neutral ist, wo es also auch das Recht gibt, diesen religiösen Anspruch zu ignorieren oder abzulehnen. Glaube darf niemals mehr die Unfreiheit des Ungläubigen bedeuten. Ohnedies ist Wahrheit erst dann absolut, wenn kein Mensch sie für sich gepachtet hat. Die gegenwärtige Misere des Islams wurzelt, verallgemeinernd gesagt, hier: in der bislang nur bedingt vollzogenen – oder häufig sogar rückgängig gemachten – Säkularisierung und Offenheit der religiösen Hermeneutik. »Der Koran ist eine Schrift zwischen zwei Buchdeckeln, die nicht spricht; es sind die Menschen, die mit ihm sprechen«, sagt Imam Ali, der vierte Kalif des Islams. Die Offenbarung bedarf der Interpretation, und erst mit Blick auf die verschiedenen Lesarten und ihre realpolitische Wirkung läßt sich über den Islam sprechen.

Daß Religionen aus der Gesamtheit ihrer Lesarten bestehen, gilt für jede Religion, wurde aber außer im Islam wohl nur im Judentum so klar benannt. Ein klassischer Korankommentar enthält stets mehr als nur eine Deutung. Erst nachdem der Exeget die möglichen Interpretationen aufgezählt hat, stellt er seine eigene vor, um mit der Floskel *wa-llâhu a'lam* abzuschließen, »Und Gott weiß es besser«. Eben weil der Koran als das reine göttliche Wort gilt, ist nach traditioneller islamischer Auffassung jede Auslegung menschlich und daher notwendig relativ. Daß niemand über die absolute Deutung verfügt, mehr noch: es diese eine Deutung gar nicht geben dürfe, gehört zu den Grundannahmen der klassischen muslimischen Exegese, die im theologischen Disput zwar immer schon übergangen, aber niemals so konsequent bestritten wurden wie heute von muslimischen Fundamentalisten und westlichen Experten, die mit dem Koran in der Hand Muslime darüber belehren, wie streng ihre Religion sei. Ein Großteil dessen, was heute als islamische Kultur begriffen wird, die Meisterwerke der Poesie, Architektur, bildenden Kunst, Musik, Mystik und Philosophie, haben nicht nur außerislamische Einflüsse aufgenommen – nein, viele ihrer Werte und Motive stehen in offenem Widerspruch zu den Normen, die der Koran vorgibt, ohne daß sie deswegen von einer Mehrheit als häretisch aufgefaßt worden sind. Man denke nur an das zentrale Motiv des Weins oder der gleichgeschlechtlichen und promiskuitiven Liebe in der Dichtung, an den strengen Rationalismus der Philosophie, an den Prunk der Moscheen, die ekstatischen Gesänge und das Bekenntnis zur Gleichwertigkeit der Religionen in der islamischen Mystik, die Verspottung aller Autoritäten einschließlich der göttlichen durch die prominenten Narren der verschiedenen Volksliteraturen.

Ein Hauptanliegen von Fundamentalisten ist gerade, die »göttliche« Religion von der »menschlichen« Kultur zu säubern, zumal von ihrer religiösen Kultur. Sie wollen zurück zur nackten Schrift und verstehen alle historischen Erscheinungen, die ihr nicht entsprechen, als Ketzerei. Daß darin eine reale Bedrohung liegt, demonstriert der kulturelle und religiöse Bildersturm, wie ihn die Wahhabiten in Saudi-Arabien oder die Taliban in Afghanistan exzessiv betrieben haben. Aber noch ist die Lebensrealität der meisten Muslime eine andere. Man muß nur einmal nach Kairo, nach Teheran, nach Istanbul reisen, um zu begreifen, wie sehr sich die muslimischen Gesellschaften von dem Bild unterscheiden, das sie der Schrift nach abgeben müßten. Was Islam ist, wird dort ungleich integrativer, durchlässiger verstanden als im deutschen Dialog mit dem Islam – noch jedenfalls. Eine repräsentative Umfrage brachte kürzlich zutage, daß trotz der eher zunehmenden Religiosität der Bevölkerung immer noch 85 Prozent der Türken jemanden, der das Ritualgebet nicht einhält oder Alkohol trinkt, als guten Muslim betrachten. Wohlgemerkt: als *guten* Muslim. Überrascht kann darüber nur sein, wer nicht mit dem Islam aufgewachsen ist. Man kann den Islam verstehen, wie Tilman Nagel ihn versteht, einer der beiden Experten auf dem eingangs erwähnten Podium der Hanns-Seidel-Stiftung; anders als sein Mitdiskutant Hans-Peter Raddatz ist Nagel kein Eiferer und steht auf philologisch sicherem Grund, mehr noch: Er ist einer der bedeutendsten Islamwissenschaftler Deutschlands. Doch zum Glück für die Menschen scheren sich Geschichte und Gegenwart des Islams nicht durchweg um die Dogmen, die Nagel aus dem Koran ableitet – will sagen: Der Islam lebt wie jede andere Religion gerade in dem Spannungsverhältnis zwischen den Texten und ihren Lesern. Wenn man Nagel folgt, müßte man die Mehrheit der Leser – jene Muslime also, die aus den gleichen Quellen andere, aus Sicht Nagels: falsche Schlüsse ziehen – zu Ungläubigen erklären. Das haben die Muslime nicht nötig. Von solchen Kapazitäten haben sie selbst genug.

Ist der Islam integrierbar?

DIE FRAGE, OB der Islam in Europa integrierbar sei, steht auf dem Themenranking hiesiger Podiumsdiskussionen, Konferenzen, Forschungskolloquien, Volkshochschulkurse und evangelischer Akademien seit Jahren an vorderer Stelle. Geringfügig variiert – verträgt sich der Islam mit der Demokratie?, dem Grundgesetz?, der Moderne?, der Aufklärung?, den Lehrinhalten deutscher Schulen? –, erreicht sie in regelmäßigem Abstand auch den großen Debattenraum der Feuilletons, Talkshows und Parlamente. Selbst deutsche Fußballkommentatoren diskutieren gerne mit, wenn sie alljährlich im Fastenmonat Ramadan die Frage aufwerfen, ob sich etwa auch Islam und Bundesliga ausschließen.

Etwas ungläubig verfolge ich die Debatte. Die Autoren, Redner und Studiogäste haben mir voraus, daß sie genau zu wissen scheinen, was der Islam ist. Mir ist das nicht so klar. Auf die Frage etwa, ob der Islam mit der Moderne kompatibel sei, will mir keine bündige Antwort einfallen. Welche Moderne? ist zunächst einmal zu fragen. Versteht man den Begriff normativ als einen Kanon von Ideen wie Aufklärung, Rationalismus, Toleranz, Menschenrechte und Demokratie? Oder meint man ihn deskriptiv als Bezeichnung einer historischen Epoche? Dann gehören auch der Totalitarismus, die Schoah oder die flächendeckende Zerstörung der natürlichen Lebensgrundlagen zur Moderne. Schwieriger noch zu beantworten scheint die zweite Frage: Welcher Islam? Der saudische Wahhabismus, der Frauen vom Autofahren abhält, oder die Ideologie Ajatollah Chomeinis, die anstelle des Menschen Gott zum Souverän des Staates erklärt, stehen zweifellos im Widerspruch zur Demokratie, zur Toleranz und zu den Menschenrechten, Ideen also, die gemeinhin der Moderne zugeschlagen werden. Denke ich jedoch an zahlreiche andere muslimische Denker, Schulen, Richtungen oder einfach nur an den Islam, den ich aus meiner Kindheit kenne, an den Islam meiner Verwandten, Freunde und des Geistlichen von nebenan, dann fällt mir daran nichts Unmodernes auf. Weder wirken sie entmündigt noch sonderlich aggressiv gegenüber ihren anders- oder nichtgläubigen Nachbarn, und ihr Glaube hält sie auch nicht davon ab, sich Demokratie und technischen Fortschritt für ihr Land zu wünschen. Diese Muslime sind friedfertig, reflektiert und freiheitsliebend, nicht trotz, aber auch nicht wegen ihres Glaubens. Beides hieße, den Islam zu überschätzen, der auch im Leben von Gläubigen nicht die einzig relevante Größe ist.

Man mag einwenden, die Verwandten und Freunde und der Geistliche seien verwestlicht, und nicht einmal für den letzteren wäre das zu bestreiten. Aber dennoch und zugleich verstehen sie sich als Muslime. Daß darin ein Widerspruch liegen könnte, dürfte bislang keinem von ihnen in den Sinn gekommen sein. Wer behauptet, daß der Islam mit der westlichen Moderne unvereinbar ist, müßte solche »aufgeklärte« Muslime exkommunizieren, um auf dem eigenen Standpunkt beharren zu können. Das wäre so anmaßend, wie es umgekehrt bequem wäre, nur jene Muslime für wahre Repräsentanten ihrer Religion zu halten, die der westlichen Öffentlichkeit sympathisch sind, und also zu folgern, daß der Islam und Europa sich bestens ergänzen. So hilft es wenig, die Friedfertigkeit der islamischen Botschaft zu beteuern, wenn man erklären will, warum in ihrem Namen gegenwärtig so häufig gemordet wird.

Für sich betrachtet ist der Koran weder ein Manifest *für* noch ein Pamphlet *gegen* Moderne, Demokratie und deutsches Grundgesetz. Was diese und viele andere gegenwärtig drängende Fragen betrifft, ist er weitgehend indifferent. So kann man etwa die parlamentarische Demokratie und die Gewaltenteilung als Konzept ablehnen oder befürworten, nur hilft einem dabei, wenn man die Texte aufmerksam liest, weder der Koran noch die Sammlung der prophetischen Aussagen und Taten. Den vielzitierten Satz aus dem Koran, daß die Menschen sich beraten sollten, als demokratisches Manifest zu deuten oder umgekehrt aus anderen Zitaten eine Rechtfertigung wahlweise der Monarchie, des Sozialismus oder der Theokratie abzuleiten, wie es seit dem neunzehnten Jahrhundert üblich geworden ist, erfordert allzu viel interpretatorischen Eigensinn. Offensichtlich hat Gott (oder, um es glaubensneutral zu formulieren: der Sprecher im Koran) es weitgehend den Menschen überlassen, wie sie Herrschaft so organisieren, daß sie gerecht und Ihm gefällig ist.

Gewiß enthält der Koran Verse, die heutigen Menschenrechtsvorstellungen widersprechen. Dennoch attestieren nicht wenige Forscher dem Islam unter den drei großen monotheistischen Glaubensrichtungen des Mittelmeerraums die größte Nähe zur Moderne. So weist etwa der britische Kulturtheoretiker Ernest Gellner auf den Universalismus des Islams, auf dessen Schriftgläubigkeit und spirituellen Egalitarismus, die Ausdehnung der vollen Teilhabe an der Heilsgemeinschaft auf alle Menschen sowie auf die rationale Systematisierung des sozialen Lebens hin. Sein Landsmann, der Bischof und Islamwissenschaftler Kenneth Cragg, findet im Koran ein kartesianisches Menschenbild, das dem Islam einen Zugang zur Moderne eröffne, der dem Christentum erst durch die Aufgabe wesentlicher Glaubensinhalte möglich gewesen sei. Und der französische Politologe François Burgat meint, daß gerade der Bezug auf den Islam es ermögliche, sich die »wesentlichen Referenzen« des modernen, vom Westen geprägten »Diskurses« anzueignen, nicht zuletzt im Bereich der Menschenrechte und der Demokratie.

Andere Wissenschaftler führen genauso bedenkenswerte Argumente an, um das Gegenteil zu betonen. Für sie kann die islamische Welt erst in die Moderne eintreten, wenn sie nach dem Vorbild des Westens einen Prozeß der Aufklärung durchlaufen hat. Vom Islam bliebe dann freilich, weil seine wesentlichen Inhalte der modernen Zivilisation widersprächen, nicht mehr viel übrig. Diese Position wiederum wird von jenen Ideengeschichtlern in Frage gestellt, die in der Moderne längst ein transkulturelles, also nicht bloß westliches Phänomen erkannt haben. Die Islamwissenschaftler unter ihnen versuchen den Beweis zu führen, daß in Teilen der islamischen Welt seit dem sechzehnten Jahrhundert ein zwar nicht identischer, aber doch paralleler und in vielem vergleichbarer Prozeß wie in der europäischen Neuzeit stattgefunden hat Sie verweisen auf die machtpolitischen und ökonomischen Analogien zwischen den europäischen Reichsbildungen und denen der türkischen Osmanen, persischen Safawiden oder indischen Moghulen. Zugleich sehen sie in der muslimischen Ideengeschichte des achtzehnten und des neunzehnten Jahrhunderts deutliche Hinweise auf ein eigenständiges reformatorisches Denken. Nicht zu vergleichen! rufen wieder andere Wissenschaftler und attestieren ihren Kollegen Wunschdenken.

Die Realität hält sich mit solchen akademischen Diskussionen über den Islam und wahlweise die Demokratie, die Menschenrechte, die Emanzipation oder die Moderne nicht auf. In ihr ist der Islam offenkundig in der Lage, sowohl den Sozialismus zu legitimieren als auch die Monarchie, die Trennung von Religion und Staat ebenso wie deren Einheit, die Tyrannei nicht weniger als den Kampf gegen sie. So wichtig es für den westlichen Beobachter sein mag, sich ein Urteil über den Islam zu bilden, es wird in jedem Fall Muslime geben, die eben diesem Urteil nicht entsprechen. Und am Ende sind sie es, die in ihrer Gesamtheit bestimmen, was ihre Religion ist oder sein kann.

Die einzigen Glaubensvorstellungen, Riten und religiösen Pflichten, die man ohne Einschränkung als »islamisch« bezeichnen kann, weil sie praktisch von allen Muslimen als normativ akzeptiert (wenn auch nicht zwingend befolgt) werden, stehen einer Integration in eine europäische säkulare Gesellschaftsordnung nicht im Wege, begünstigen diese Integration aber auch nicht. Kaum jemand wird ernsthaft behaupten, daß gläubige Muslime deshalb keine Teilhabe an Europa haben können, weil sie an die Einheit Gottes, an die Propheten und an die Auferstehung glauben, weil sie fünfmal am Tag beten, einen Monat im Jahr fasten, die Armensteuer bezahlen und einmal im Leben nach Mekka reisen möchten. Nichts anderes sind aber die grundlegenden, von allen Muslimen akzeptierten Inhalte des Islams. Der Einwand jener, die einen europäischen oder modernen Islam als Widerspruch in sich sehen, bezieht sich denn auch weniger auf diese Grundsätze *(usûl)* und Säulen *(arkân)* als vielmehr auf die Idee, daß der Islam keine Trennung von Staat und Religion kenne, daß er Gesetze für ein Gemeinwesen aufstelle und eine Religion sei, die zwingend das öffentliche Leben regeln und staatliche Gesetze erlassen wolle. Dabei übersieht man geflissentlich, daß die Parole von der angeblich notwendigen Einheit von Religion und Staat im Islam *(Al-Islam din wadaula)*, wie sie Fundamentalisten überall im Munde führen und westliche Beobachter übernehmen, ein genuines Produkt der Moderne ist. Sie läßt sich in keinem Text vor dem achtzehnten Jahrhundert nachweisen. Tatsächlich waren religiöse und politische Autorität im islamischen Mittelalter, anders als im christlichen, beinahe überall getrennt. Die Herrscher sind zwar als Beschützer des Glaubens oder religiöses Oberhaupt aufgetreten, aber nicht grundlegend anders als die britische Monarchin bis heute Oberhaupt der anglikanischen Kirche ist. Der Kalif war kein Mufti. Er hatte in der Regel keine theologische Ausbildung, übte kein geistliches Amt aus, gab keine religiösen Gutachten ab und fällte keine Urteile. Die religiösen Autoritäten hatten ihre eigenen Institutionen, die im schiitischen Islam lange Zeit unabhängig, im sunnitischen Islam meist der politischen Macht unterstellt waren. Von einer Herrschaft der Geistlichkeit läßt sich also, von einigen Ausnahmen wie der Zaiditen-Dynastie im Jemen abgesehen, erst wieder in bezug auf die Islamische Republik Iran sprechen. Ein arabischer Staatsphilosoph des zehnten Jahrhunderts wie al-Farabi hätte die Forderung nach der Einheit von Islam und Staat nicht unbedingt abgelehnt; eher wäre sie ihm genauso unverständlich geblieben wie Fragen nach *dem* Islam und *der* Herrschaft, *dem* Islam und *der* Frau, *dem* Islam und *dem* Bösen. Genauso wie im Falle des Christentums oder Hinduismus hat erst die Moderne solche Essentialisierungen der Religion ermöglicht. Für einen mittelalterlichen Menschen war der Glaube keine Ideologie, sondern bestand vor allem aus genauen Vorgaben für die Praxis und Antworten auf Fragen, die sich aus konkreten Situationen ergaben. So ist auch die Scharia kein Gesetzbuch im heutigen Sinne, sondern umfaßt die – in sich höchst widersprüchliche – Gesamtheit aller Lehrmeinungen, die Rechtsgelehrte im Laufe der islamischen Geschichte zu einzelnen, größtenteils kultischen Problemfällen abgegeben haben.

Auch der Verweis auf den Propheten Mohammed und die vier ersten Kalifen ist kein Argument dafür, daß der Islam eine Einheit religiöser und politischer Führung zwingend vorschreibe, da es nach ihnen (beziehungsweise seit der »Verborgenheit« des zwölften Imams der Schiiten) bekanntlich keinen Propheten mehr gibt, auch keinen Nachfolger, der durch seine Abstammung von ihm legitimiert und von der Gemeinde akzeptiert wäre. Wer die spezifische Situation innerhalb einer *Heilsge-*

schichte zum absolut gültigen und im Detail nachzuahmenden Muster für die gesamte nachfolgende Geschichte erklärt, denkt fundamentalistisch, mag er Muslim sein oder Christ, Anhänger einer Religion oder ihr Betrachter. Nichts anderes tun Islamisten und enden im Extremfall damit, in Bartschnitt und Kleidung zu kopieren, was vom Propheten überliefert wird, und auch auf den Kajal nicht zu verzichten, den arabische Männer des frühen siebten Jahrhunderts zu verwenden pflegten.

Gewiß hat das Beispiel des Propheten Muslimen schon immer als Richtschnur des Handelns und des Rechts gedient; aber daß der Islam alle Dinge des öffentlichen Lebens minuziös regele, ja selbst eine Staatsform sei, ist eine Idee des neunzehnten Jahrhunderts, entstanden infolge der Auseinandersetzung mit der politischen und geistigen Herausforderung, die das kolonialistische Europa an die islamische Welt gestellt hatte. Der Berner Islamwissenschaftler Reinhard Schulze hat hierfür den Ausdruck der »fundamentalistischen Falle« geprägt, in welche die muslimische Intelligenz getappt sei. Eben weil die westliche Kritik den Islam als selbständige, zeitlose Substanz behandelte, welcher der Muslim willenlos ergeben sei, und die Religion der Muslime zur Ursache ihrer Unterlegenheit und strukturellen Reformunfähigkeit erklärte, griffen muslimische Denker des neunzehnten und frühen zwanzigsten Jahrhunderts ebenfalls auf die Religion zurück, um sich ideologisch zu verteidigen und die eigene Situation zu erklären, nur unter umgekehrten Vorzeichen: Nicht der Islam, sondern die Abkehr von ihm wurde als der Grund der eigenen Krise bestimmt; mit der Rückkehr zu ihm, so hoffte man in diesem Vorstadium des heutigen Islamismus, stelle sich alte Größe automatisch wieder ein. Die muslimische Urgeschichte wurde in beiden Diskursen, dem westlichen wie dem muslimischen, zum Deutungsmuster der Gegenwart, als Menetekel im ersten, als Modell im zweiten Fall. In beiden Fällen nahm man einen islamischen Urzustand an und betrachtete die Geschichte im wesentlichen unter der

Fragestellung, inwiefern sie zu einem Abweichen von der frühislamischen Norm geführt habe. Grundsätzlich geändert hat sich das bis heute nicht.

Muslimischen Fundamentalisten aller Schattierungen ist gemeinsam, daß sie für die Probleme, Phänomene und Lösungsansätze ihrer Lebenswelt eine Urbegründung in den religiösen Quellen und der Frühzeit des Islams suchen. Diesen essentialistischen Blick teilen sie mit einer mittlerweile jahrhundertealten Tradition westlicher Nahostkenner. Zumindest der Populärwissenschaft und der Berichterstattung in den Massenmedien liegt er nach wie vor häufig zugrunde. Niemand würde die protestantischen Extremisten in Nordirland als Soldaten Luthers bezeichnen; niemand würde die Schändung muslimischer Friedhöfe in Bosnien oder die jüngsten Kriege der Vereinigten Staaten mit der Bibel begründen, obwohl sie doch unter Berufung auf eine christliche Lehre geführt wurden. Das religiöse Vokabular wird völlig richtig in einem konkreten gesellschaftlichen, machtpolitischen und nicht zuletzt propagandistischen Zusammenhang wahrgenommen und damit in seinem Wahrheitsanspruch relativiert. Damit wird die religiöse Begründung weder geleugnet noch unterschätzt, aber in ihren Kontext mit anderen Faktoren gesetzt und erklärt. Wenn politische Akteure im Nahen Osten den Islam anführen, glauben wir ihnen hingegen aufs Wort. Und selbst wenn sie den Islam nicht anführen oder ihn sogar über viele Jahre bekämpft haben wie Saddam Hussein und andere laizistische Diktatoren des Nahen Ostens, hält der politische Konflikt mit ihnen als Beleg für den Kampf von Kulturen her.

Die säkulare Wahrnehmung des Westens nimmt den Orient aus, der so exemplarisch zum Ort der Religion wird, wo sämtliche kulturellen und politischen Entwicklungen und Ereignisse ursächlich mit dem Glauben begründet werden müssen. Entsprechend findet man in populären Lexika zum Islam Einträge etwa über atheistische Dichter, Kommunistenführer, sogar über Christen wie den Schriftsteller Edwar al-Charrat, die Sängerin Fayrouz oder den Mitbegründer der Baath-Partei, Michel Aflaq. Nicht religiös determinierte Phänomene, Diskurse und Strömungen werden fast automatisch als heterodox gedeutet, anstatt in jener Autonomie wahrgenommen zu werden, die etwa Shakespeare, dem Zweiten Weltkrieg oder der *Phänomenologie des Geistes* zukäme, die eine religiöse Dimension wohl haben, jedoch unmöglich auf diese zu reduzieren sind. Der Islamwissenschaftler Aziz al-Azmeh sieht hier »fast eine Art Komplizenschaft zwischen westlichen Kommentatoren und islamistischen Ideologen«, da auf beiden Seiten die Urbegründung jedes Phänomens in der islamischen Welt in den religiösen Quellentexten angesiedelt werde. Eine Betrachtung von solcher Normativität würde sich in bezug auf Geschichte und Gegenwart der »christlichen Welt« von selbst diskreditieren.

Schon das Wort vom »Dialog der Kulturen« ist die schiere Ideologie, nein, schlimmer noch, bestätigt in seinem Gutmeinen ungewollt sein Gegenmodell, den »Kampf der Kulturen«: Als ob da zwei Subjekte wären, der Islam und der Westen, die sich nicht befehden, sondern nun endlich verstehen müßten. Wo müßten in diesem Gesprächskreis die westlichen Muslime Platz nehmen, die Bosnier zum Beispiel oder die zweite und dritte Generation der muslimischen Einwanderer? Wo wäre der Platz des arabischen Bürgertums, der orientalischen Christen, der Intellektuellen, denen der europäische Bildungskanon vertrauter ist als den meisten Europäern. Nein, der Dialog der Kulturen ist genauso eine Karikatur wie jene Analysen, die die heutige Welt auf einen Zusammenprall verschiedener Zivilisationen reduzieren. Das Problem ist allerdings, daß sich solche Karikaturen in immer mehr Köpfen festsetzen und dann zu politischem oder gar militärischem Handeln führen. Dann hilft es auch nicht, die Wahrnehmung für falsch zu erklären. Man muß sie ernst nehmen und auf sie reagieren. Auch das Verkehrte kann real sein. Nicht bloß Osama bin Laden hat die starre Dichotomie der Kulturen verinnerlicht. Auch in Europa wird die eigene Kultur zunehmend essentialisiert, als eine eigenständige Größe gedacht, die unabhängig von den Menschen existiert und wirkt.

Bereits seit einigen Jahrzehnten bemühen sich Orientalisten sowie muslimische Denker gleichermaßen, die Religion aus diesem fundamentalistischen Zugriff zu befreien, sie als Faktor der geschichtlichen Entwicklung, der Kultur und der kollektiven Identität zwar keineswegs zu leugnen, aber im Zusammenhang mit anderen Faktoren zu sehen. Daß Muslime es bei diesem Vorhaben schwerer haben, weil sie nicht im Elfenbeinturm der reinen Wissenschaft schreiben und ihnen nicht selten reflexartig der Vorwurf der Ketzerei gemacht wird, ist offenkundig. Muslimische Theoretiker des Pluralismus, der Menschenrechte oder der Demokratie bemühten sich daher häufig, ihre Forderungen als islamisch zu deklarieren. Sie lehrten beispielsweise, daß der Koran die Grundlage für die Emanzipation der Frauen oder auch den wissenschaftlichen Fortschritt biete. Dadurch aber haben sie – mit entgegengesetztem Ergebnis – die Argumentationsweise ihrer Gegner übernommen. In den letzten Jahren zeichnet sich hier ein Paradigmenwechsel ab. Autoren wie der in Paris lehrende Algerier Mohammed Arkoun, der Ägypter Nasr Hamid Abu Zaid oder der Iraner Abdolkarim Sorusch beginnen in jeweils völlig unterschiedlichen gesellschaftlichen und geistigen Kontexten den Geltungsbereich und die Funktion der Religion neu zu bestimmen. Sie wenden sich gegen die, wie sie es empfinden, Instrumentalisierung des Glaubens durch die Politik, die sie progressiven wie reaktionären Kräften gleichermaßen vorwerfen. Der Islam, sagt etwa Abu Zaid, »ist ein Bezugsrahmen in seiner Eigenschaft als Religion, aber ich kann nicht die Menschenrechte bestimmen nur durch die Rückkehr zum Islam, weil es andere menschliche Errungenschaften außerhalb der Religion gibt, die ich nicht leugnen kann«.

Alle drei Autoren betrachten den Fundamentalismus als ein modernes Phänomen und verweisen auf die theologische Pluralität und die Trennung von politischer und religiöser Macht in der islamischen Geschichte. Doch während etwa Arkoun sich von Glaubensdiskussionen und -bekenntnissen fernhält, argumentiert Sorusch aus einer entschieden religiösen Grundeinstellung. Wie viele andere religiöse Intellektuelle im nachrevolutionären Iran beklagt er, daß die Identifizierung des Islams mit der politischen Herrschaft zu einer weitverbreiteten Abkehr von der Religion geführt habe, insbesondere bei der Jugend. Wo man die Religion mit der Politik verquicke, warnt Sorusch, entweihe man sie und lenke von ihrer eigentlichen Bestimmung ab, nämlich das Individuum zu vervollkommnen und in seiner Beziehung zu Gott zu leiten. Damit knüpft er einerseits an die quietistische, apolitische Tradition an, die innerhalb der schiitischen Orthodoxie über Jahrhunderte hinweg dominant gewesen ist, andererseits an den mystischen Islam, den Sufismus. Schon immer waren die Lebenshaltung, die Weltanschauung und das literarische Erbe der Mystik für die islamische Welt ungleich prägender als fundamentalistische Haltungen; und seit jeher war sie das wirksamste Mittel gegen den Kleingeist und die Buchstabentreue der Orthodoxie. Die Mystik als der verinnerlichte Islam könnte sich als eines der Felder erweisen, auf dem Frömmigkeit und Aufklärung, Individuation und Gottergebenheit zusammenfinden, auch in der Kunst. »Ich bin Muslim«, sagt der 1980 gestorbene, heute in Iran fast kultisch verehrte mystische Dichter Sohrab Sepehri in seiner poetischen Autobiographie:

Mein Mekka ist eine rote Rose,
Mein Gebetstuch eine Quelle, mein Gebetsstein Licht.
Die Steppe ist mein Gebetsteppich.

Fragen nach der Vereinbarkeit oder Unvereinbarkeit des Islams mit der Demokratie oder den Menschenrechten sind deshalb so müßig, weil es erstens *den* Islam nicht gibt und er sie zweitens, selbst wenn es ihn gäbe, nicht beantwortete. Allenfalls ließe sich mit Blick auf die Historie sagen, daß Demokratie oder Menschenrechte Möglichkeiten des Islams sind. Daß der Islam in einen säkularen Staat integrierbar ist, wäre daher mit Hinweis auf die Beispiele einer solchen Integration prinzipiell zu bejahen. Zu fragen aber bliebe, ob die Muslime sich in Deutschland integrieren werden. Die Antwort muß nicht die gleiche sein.

Lob der Differenz

ALS KIND WAR mir immer klar, daß ich Ausländer bin, mochte ich deutsch sprechen, wie ich wollte. Diskriminiert wurde ich deswegen so gut wie nie, auch nicht später auf dem Gymnasium. Dort hatte ich immer wieder mal mit Leuten zu tun, die auf die vielen Ausländer schimpften. Es gab da zum Beispiel einen Jungen, der mit sechzehn oder siebzehn bei uns als Nazi verschrien war. Heute arbeitet er als Bankkaufmann in der Stadt. Obwohl mir seine politischen Ansichten mehr als suspekt waren, fand ich ihn ziemlich nett, muß ich gestehen. Ich hatte eine scherzhafte, ironische Art des Umgangs mit ihm, die er in Ordnung fand, und zog ihn immer ein bißchen mit seinen rechten Sprüchen auf, auch weil ich sie nie ganz ernst nahm. Aber eine Antwort hat sich mir doch eingeprägt, zumal ich sie seitdem von anderen Deutschen, bei anderen Gelegenheiten, immer wieder gehört habe. Wenn ich ihn nämlich darauf ansprach, daß ich doch selbst ein Ausländer sei, ob ich denn auch nach Hause gehen solle, sagte er etwas wie: Quatsch, dich meine ich doch gar nicht damit, du bist doch nicht sooo ein Ausländer. Das habe ich sehr häufig gehört, und ich weiß, daß ich dann immer sehr gereizt geantwortet habe. Ich wollte nicht als guter Ausländer durchgehen.

Den Beginn dieses Prozesses, Ausländer zu werden, mir bewußt zu sein über mein Anderssein, kann ich heute ziemlich genau benennen. Es war das erste Mal, daß meine Zugehörigkeit zu jener anderen Welt mein Verhalten in der deutschen Welt entscheidend beeinflußt hat. Wenn ich die folgende Anekdote erzähle, muß ich vorausschicken, daß ich mich als Kind keineswegs durch eine hervorstechende Ethik von anderen unterschied. Sie handelt von keiner frühen Heldentat, sondern von einer unausweichlichen Solidarität, von der mir erst später klar wurde, woher sie rührte.

Im Verlauf des ersten oder am Anfang des zweiten Schuljahres stellte uns die Klassenlehrerin, Frau, Klein, einen neuen Klassenkameraden vor. Michael hieß er und war das schwarze Kind deutscher Adoptiveltern. Es dauerte nicht lange, bis über ihn gefrotzelt, bis er über den Schulhof getrieben und verprügelt wurde. Unglücklicherweise war er auch kein besonders guter Schüler, was ihm zusätzlich Spott eintrug. Ich war als Kind oft genug grausam und ungerecht, aber in diesem speziellen Fall war es mir unmöglich, mich an den Hänseleien zu beteiligen. Frau Klein muß das geahnt haben, weil sie Michael gleich einen Platz neben mir in der letzten Reihe zugewiesen hatte. Ihre Strategie ging einigermaßen auf, obwohl es kaum in ihrem Sinne gewesen sein dürfte, daß ich ihm bei Klassenarbeiten mein Heft hinüberreichte, nachdem ich zu Ende geschrieben hatte. Bis heute rätsele ich, ob Frau Klein bemerkte, warum Michael und ich in manchen Fächern die gleichen Noten erzielten, obwohl er im Unterricht schon aus Unsicherheit kaum etwas zustande brachte. Leider gab es nicht in allen Fächern Klassenarbeiten, bei denen die Entwicklungshilfe funktionierte, beim Diktat etwa war kaum etwas zu machen. Vielleicht half ich ihm auch nur in Mathematik.

Ich vermag nicht zu sagen, bis zu welchem Grad es mir bewußt war, aber etwas Unsichtbares verband uns. Beide gehörten wir einer anderen Welt an als die Klassenkameraden, nur trat ich aufgrund meiner Hautfarbe inkognito auf, oder jedenfalls so, daß niemand meine Fremdheit zum Gegenstand machte. Seine Fremdheit hingegen war offensichtlich, zumal er Deutsch mit einem leichten Akzent sprach. Aber eigentlich hätte es auch mich treffen können. Ich kann mich erinnern, gewisse Überlegungen in dieser Richtung angestellt zu haben. Der Gedanke, daß mir Michael zum *coming out* als Ausländer verhalf, ist zwar zu verführerisch, um ganz zu stimmen, aber als ich nur wenig älter war, vom zehnten oder elften Lebensjahr an, begann ich mit meinem Fremdsein regelrecht zu kokettieren. Für Michael jedoch war meine Solidarität nicht entschlossen genug gewesen, denn am Ende des Schuljahres nahmen ihn die Eltern von der Schule.

Zum Problem wurde mein Fremdsein erst dann, wenn es von anderen zum Problem gemacht wurde. Michael war eine Episode, aber als ich fünfzehn oder sechzehn war, also Anfang und Mitte der achtziger Jahre, kam das Thema Ausländerhaß auf. Zwar war ich selbst so gut wie nie persönlich betroffen, weil außer dem erwähnten Klassenkameraden in unserer Schule niemand rassistische Sprüche klopfte, doch blieb mir nicht verborgen, daß manche Deutsche etwas gegen Ausländer hatten – also auch gegen mich. Selbst wenn man nicht persönlich betroffen zu sein scheint, fühlt man sich niemals stärker der eigenen Gruppe zugehörig, als wenn sie angefeindet wird. Allein, viel nachgedacht habe ich darüber nicht. Weder fühlte ich mich ausgegrenzt, noch mußte ich mich ständig definieren. Erst seit einigen Jahren werde ich dauernd gefragt, als was ich mich empfinde – als Deutscher oder Iraner, als Europäer oder als Muslim. Irgendwann beginnt man tatsächlich, darüber nachzudenken. Dabei möchte ich mich in keine Identität pressen lassen, selbst wenn es meine eigene wäre.

Als vor einigen Jahren das Thema der kulturellen Identität in Deutschland im Zusammenhang mit der doppelten Staatsbürgerschaft diskutiert wurde, merkte ich, was für eine unselige und unrealistische Vorstellung von Purität durch die Köpfe vieler Politiker geistert. Wenn ich sie hörte, hatte ich immer das Gefühl, daß sie überhaupt nicht wissen, wovon sie reden, diese Politiker und Kommentatoren und auch die Bürger, die interviewt wurden, den Zeitungen Leserbriefe schickten oder in den Fußgängerzonen die Protesterklärung der hessischen CDU unterschrieben (»gegen die Ausländer«, wie sie anschließend vor den Fernsehkameras sagten, ich erinnere mich genau). Das Argument, daß ein Mensch mit zwei Pässen einen Identitätskonflikt hat, muß jedem abstrakt, wenn nicht absurd erscheinen, der tatsächlich mit zwei oder noch mehr Kulturen aufgewachsen ist. Nicht immer läßt sich die Frage beantworten, ob man zu jenen oder zu diesen gehört – vielleicht gehört man zu beiden. In einen inneren Konflikt geriete ich nicht, wenn ich mich zwischen zwei Identitäten bewegte (als ob es sich dabei um Stühle handelte, auf die man sich zu setzen hat), sondern wenn ich mich auf eine Identität festzulegen hätte. Die Wirklichkeit eines Lebens, eines jeden Lebens, ist so viel komplizierter, diffiziler, als daß sie sich auf so einen abstrakten Begriff wie den der Identität reduzieren ließe – und man sich auch noch für die eine und damit gegen seine andere Identität entscheiden soll. Das ist ein moderner Anspruch, der erst möglich wurde, weil Europa in zwei Weltkriegen die eigentlich selbstverständliche Vermischung kultureller Bezüge zu vernichten versucht hat, weil jüdisches Leben in Berlin und deutsches Leben in Czernowitz ausgelöscht wurde, weil die Türken aus Saloniki und die Griechen aus Izmir vertrieben wurden, um nur vier von Hunderten von Beispielen für den Identitätswahn anzuführen, der Europa schon so oft in eine Hölle verwandelt hat. Ein Mensch ist kein Reißbrett, und es ist fatal, daß das neue Staatsangehörigkeitsrecht allen deutsch-ausländischen Kindern in Deutschland zunächst zwei Pässe zubilligt, sie aber zwingt, sich später, mit achtzehn Jahren nämlich, auf eine Nationalität festzulegen. Wenn es einen Identitätskonflikt gibt, dann wird er exakt durch einen solchen Zwang erzeugt. Pässe sind keine Ikonen, sondern Papiere. Ich war selten so stolz auf Deutschland wie am Tag meiner Einbürgerung als Doppelbürger, die sich ohne jedes Zeremoniell, mit einfachem, herzlichem Händedruck in der Meldehalle des Einwohnermeldeamts Köln-Mitte vollzog. Das war so unaufgeregt wie das Wort Verfassungspatriotismus und so verblüffend nüchtern, wie ich das sehe.

Meine Heimat ist nicht Deutschland. Sie ist mehr als Deutschland: Meine Heimat ist Köln geworden. Meine Heimat ist das gesprochene Persisch und das geschriebene Deutsch: Wenn ich im Ausland bin, fühle ich mich sofort unter Landsleuten, wenn ich Persisch höre – nicht wenn ich Deutsch höre. Aber das erste, was ich tue, ist zu schauen, wo es eine deutsche Zeitung gibt. Ich vermeide, soweit es geht, jede fremdsprachige Lektüre, weil ich für mein Leben gern gutes Deutsch lese. Etwas auf Englisch oder Persisch zu lesen, ist mir niemals Vergnügen, auch wenn ich es verstehe. Schreiben gar will ich nur auf Deutsch, in dieser Hinsicht bin ich ein regelrechter Nationalist. Als Wissenschaftler werde ich immer wieder angehalten, auf Englisch zu veröffentlichen. Ich kenne keinen Wissenschaftler, der so halsstarrig wie ich darauf beharrt, Deutsch zu schreiben. Die geschriebene deutsche Sprache ist meine Heimat; nur sie atme ich, nur in ihr kann ich sagen, was ich zu sagen habe. Aber nur die geschriebene Sprache. Mit meinen Kindern sprach ich vom ersten Augenblick an, ohne darüber nachgedacht zu haben, persisch. Mit der gesprochenen deutschen Sprache verbinde ich nicht Gefühle der Vertrautheit, Wärme, Geborgenheit, ich spreche Deutsch auch viel zu schnell. Ich fühle mich nicht wohl darin. Wenn ich dagegen Persisch höre, fühle ich mich zu Hause. Zwar beherrsche ich es weiß Gott nicht perfekt – aber es ist nun einmal meine Muttersprache.

In der Poesie ist es wieder ganz anders. Wenn ich ein Gedicht auf spanisch höre, dann ist es mir intuitiv näher, als wenn ich ein deutsches oder persisches Gedicht höre – und das, obwohl ich kaum Spanisch spreche. Und dennoch ist für mich eine Ausgabe von Neruda, Borges oder Octavio Paz wertlos, wenn sie nicht zweisprachig ist – ich muß den spanischen Klang hören. Das hat gewiß damit zu tun, daß die ersten Gedichte, die ich mit Begeisterung vortrug, von Pablo Neruda waren. Als verliebter junger Mann trug ich stets zweisprachige Ausgaben bei mir und las sie immer wieder, erst das Deutsche, dann das Spanische. Ich lese immer noch am liebsten spanische Gedichte vor, was sich für einen Spanier ziemlich komisch anhören muß, weil ich praktisch kein Spanisch spreche. Meine Heimat ist nicht nur Deutschland oder Iran, sondern auch die Poesie von Pablo Neruda, die mich in die Liebe begleitet hat.

Es gibt in Deutschland Orte, an denen fühle ich mich so fremd wie jemand aus dem Urwald – deutsche Eckkneipen zum Beispiel. Oder typisch deutsches Essen – ein Eisbein, ein Sauerbraten, ein Leberkäs, das ist für mich Exotik pur. Manches davon schmeckt mir, aber es schmeckt mir als etwas Fremdes und Exotisches, so wie jemand bestimmte Speisen der balinesischen Küche mag. Und dann gibt es die deutsche Literatur, mit der ich großgeworden bin, die ich in mich aufgesogen habe, die meine Literatur ist (nicht etwa die persische, die ich erst im Studium wirklich kennenlernte). Sehe ich in einem Buchladen meine Bücher im Regal mit der nahöstlichen Literatur, gehe ich gegen alle Gewohnheit und trotz meiner Schüchternheit zum Buchhändler, stelle mich vor und bitte ihn, meine Werke zur deutschen Literatur zu stellen. Verständlicherweise ist mir auch das Label Migrantenliteratur zuwider. Meine Literatur ist deutsch, Punkt, aus, basta – so deutsch wie Kafka, wie ich dann zugegeben etwas hochtrabend gern sage. Wenn ich wieder einmal eingeladen werde, um auf einem Podium zu einem so bedeutenden Thema wie der Bereicherung der deutschen Literatur durch Autoren mit Migrationshintergrund zu sprechen (Variationen sind Mehrsprachigkeit & Literatur, Exil & Literatur oder ähnliches), antworte ich inzwischen: Danke schön, leider keine Zeit, aber melden Sie sich wieder, wenn Sie ein Podium zu Goethe haben oder zu Hölderlin. Ja, Hölderlin ist Heimat, eindeutig – oder der 1. FC Köln, ebenfalls Heimat, seit ich vier Jahre alt bin, ein Verein übrigens, in dessen inoffizieller Hymne es heißt: Wir sind multikulturell. Ich fühle mich wunderbar, wenn 50000 Deutsche vor jedem Fußballspiel singen: Wir sind multikulturell. Dann werde ich gewissermaßen auch zum Deutschen. Wenn das »Wir« aus vielen Kulturen besteht, kann ich sagen: »Da simmer dabei, dat is prima: Viva Colonia.« Ja, Heimat ist für mich das Müngersdorfer Stadion – übrigens nicht der deutsche Fußball insgesamt; ich habe bei den Fußballweltmeisterschaften nie mit den Deutschen gelitten, allenfalls mit den Kölner Spielern in der Nationalelf, zum Beispiel Wolfgang Overath bei der WM 74 oder Dieter Müller und Heinz Flohe bei der Europameisterschaft 1976, zuletzt Thomas Häßler, Bodo Illgner und natürlich Poldi, der niemals ein Bayer wird! Aber die drei Male, als Iran sich für die WM qualifiziert hatte, kannte ich den Namen jedes einzelnen Spielers. Die Frage, zu wem ich hielt, stellte sich gar nicht. Ich hätte diesen deutschen Politikern gern erzählt, was ein echter Identitätskonflikt für mich wäre: nicht zwei Ausweispapiere zu haben, sondern wenn der 1. FC Köln gegen die iranische Nationalmannschaft spielte. Das immerhin dürfte mir erspart bleiben. Irans Fußballer haben bei der letzten Weltmeisterschaft grauenhaft gespielt, und Köln pendelt seit Jahren zwischen der ersten und zweiten Liga, womit ich bei einer weiteren, einer entscheidenden Identität bin: meinem Schiitentum. Niemand leidet so hingebungsvoll wie wir.

Im Ernst: Nicht ganz dazuzugehören, sich wenigstens einige Züge von Fremdheit zu bewahren, ist ein Zustand, den ich nicht aufgeben möchte. Selbst in Köln, wo ich gern lebe, bin ich selten so lokalpatriotisch, wie ich auf Reisen tue. Dort fühle ich mich wohl damit, ein Zugezogener zu sein, und sei es ein Westfale. Fremdsein ist keine Krankheit. Bei den Politikern und Publizisten, auch denen, die sich glaubwürdig und engagiert für die Migranten einsetzen, nehme ich immer wieder wahr, daß sie eine andere Vorstellung von Integration haben als ich. Ihre Offenheit besteht darin, zu sagen, daß wir werden dürfen wie sie. Ein Abgeordneter des Bundestags, der es wirklich gut meint, sagte mir einmal geradezu enthusiastisch: Irgendwann werden diese Türken alle richtige Deutsche sein! Vielleicht wollen sie das gar nicht. Vielleicht wäre es sogar ein Verlust, wenn sie Deutsche würden, wie es sich der Abgeordnete vorstellt. Vielleicht wollen sie, nicht anders als vor ihnen die meisten Juden, mit allen Rechten und allen Pflichten zu diesem Gemeinwesen gehören, ohne ihre Eigenheiten und Andersartigkeiten aufzugeben. Verlieren würde Deutschland jedenfalls nicht, wenn es sich wieder an Doppelsprachigkeiten und Mehrfachidentitäten gewöhnte.

Anders als die Vereinigten Staaten von Amerika haben sich die meisten europäischen Nationalstaaten auf der Grundlage von Homogenisierungen entwickelt; historisch liegt ihnen das Ideal einer Einheit von Blut, Kultur, Sprache und Religion zugrunde. Dieser Drang zur Vereinheitlichung war kaum irgendwo stärker als in Deutschland, eben weil sich die Nation erst spät herausgebildet hat und das Deutsche niemals ein so natürlicher oder unumstrittener Bezugspunkt war wie England für die Engländer oder Frankreich für die Franzosen. Diese hatten als Kolonialmächte zudem längst den eigenen Nationalbegriff erweitert, etwa in der Definition dessen, was ein Staatsbürger ist. Das deutsche Staatsbürgerschaftsrecht hingegen war bis zu seiner Reform durch die rot-grüne Koalition im Jahr 2000 in wesentlichen Teilen noch identisch mit dem Gesetz von 1914, das allein auf dem Abstammungsprinzip beruhte. Noch immer ist der Enkel von Rußlanddeutschen, der nie in Deutschland gelebt hat und kein Wort Deutsch spricht, deutscher als der Enkel türkischer Einwanderer, der keine andere Sprache spricht als Deutsch. Es dürfte kein anderes Land auf der Welt geben, das das eigene Ausweisdokument so sehr zum Fetisch macht. Die Hysterie, mit der manche Politiker bis heute auf die Möglichkeit der doppelten Staatsbürgerschaft reagieren, ist außerhalb Deutschlands kaum nachvollziehbar. Die ethnische Zugehörigkeit hat hier ein sehr viel größeres Gewicht als in anderen Nationalstaaten. Die Deutschen sind allen Behauptungen einer Leitkultur zum Trotz keine Wertegemeinschaft. Als geborener Deutscher wird man sich immer einer deutschen Leitkultur zugehörig fühlen, selbst wenn man seiner Gesinnung nach als Verfassungsfeind gelten müßte. Migranten hingegen, die sich als Verfassungspatrioten bezeichnen, werden durch den Begriff der Leitkultur immer daran erinnert, daß sie sich nach etwas anderem, ihnen nicht Zugehörigem richten müssen, das sie leitet. Damit ist sofort ein hierarchisches Verhältnis gegeben, denn anders als bei dem genaueren Begriff des Grundgesetzes, vor dem alle gleich sind, gehört der ethnische Deutsche ungeachtet seiner eigenen Ansichten und Werte zu dem Volk, das leitet.

Genau deswegen ist das europäische Projekt so wichtig, gerade auch für die Muslime, wichtig für das europäische Verhältnis zum Islam. Ohnehin ist fast alles, was Politiker vorbringen, die eine Leitkultur einfordern, bei genauerer Betrachtung europäisch und gerade nicht spezifisch deutsch – zum Glück. Wenn ein politisches Gebilde religiösen und ethnischen Minderheiten eine gleichberechtigte Teilhabe in Aussicht stellt, dann ein vereinigtes Europa. Anders als der Nationalstaat bezeichnet Europa einen Wertekanon, zu dem man sich, unabhängig von seiner Nation, Rasse, Religion oder Kultur, bekennt oder eben nicht bekennt. Das hebt Unterschiede nicht auf, im Gegenteil. Europa ist gerade kein erweiterter Nationalstaat, sondern ein Modus, Unterschiede politisch zu entschärfen, um sie zu bewahren. Wer zum europäischen »Wir« gehört, entscheidet nicht der Geburtsort der Großeltern, sondern die Vorstellung von der Gegenwart. Ein Deutscher kann die europäischen Werte ablehnen, ein Türke kann sie verinnerlicht haben – und umgekehrt. Ihre Herkunft hingegen können sie nicht ablegen.

Auf der expliziten Glaubensneutralität des europäischen Projekts zu beharren, wie es sich aus der Aufklärung und der Französischen Revolution herleitet, bedeutet nicht, den christlichen Ursprung vieler europäischer Werte zu leugnen. Aber es sind Werte, die säkularisiert, also im Laufe der Zeit innerweltlich begründet worden sind. Gerade weil die europäischen Werte säkular sind, sind sie an keine bestimmte Herkunft oder Religion gebunden, sondern lassen sich prinzipiell übertragen. Die radikale Offenheit ist ein Wesensmerkmal des europäischen Projektes und sein eigentliches Erfolgsgeheimnis. Wer heute als Historiker die Muslime wegen ihres Glaubens zu »Uneuropäern« erklärt, verkennt nicht nur die europäische Geschichte, die mit dem Osmanischen Reich einen zentralen Akteur hatte und zu immerhin zwei muslimischen Ländern auf europäischem Boden geführt hat. Er macht aus Europa eine Religion, beinahe eine Rasse, und stellt damit das Vorhaben der Aufklärung auf den Kopf.

Der europäischen Idee im emphatischen Sinne, der Idee einer säkularen, transnationalen, multireligiösen und multiethnischen Willensgemeinschaft, ist die Universalität wesenseigen. Sie läßt sich nicht relativieren und kennt keine festgefügten geographischen Grenzen. Sie kann nicht einfach in Gibraltar oder in Irland, an den Grenzen Polens oder Bulgariens aufhören. Nicht umsonst tut es Immanuel Kant nicht unter dem ewigen Frieden, einer Weltföderation republikanisch verfaßter Länder. Natürlich ist das eine Utopie, und keiner wußte das besser als Kant, dieser nüchternste unter allen europäischen Philosophen. Aber in dem Augenblick, in dem Europa aufhört, diese Utopie vor Augen zu haben, sich auf diese Utopie hinzubewegen, hört es als Idee auf zu existieren. Die bestehenden europäischen Institutionen sind nicht transparent genug und politisch nicht ausreichend legitimiert? Richtig! Also gilt es, für ihre Demokratisierung und verfassungsrechtliche Verankerung zu kämpfen – aber nicht für ihre Schwächung. Die Türkei erfüllt nicht die Kopenhagener Kriterien, die zu Recht als Bedingung für eine Aufnahme in die Europäische Union gestellt worden sind? Auch richtig! Also sollte man alles dafür tun, daß die Türkei sich im Sinne dieser Kriterien entwikkelt – und stolz sein, wenn die Türkei eines Tages europäisch *geworden* ist.

Die Perspektive, zu Europa zu gehören, war für die Gesellschaften im Süden und Osten des Kontinents ein wesentlicher Antrieb, die Diktaturen abzuschütteln und radikale Reformen durchzusetzen. Gewiß hat die daraus resultierende Erweiterung auf inzwischen 27 Mitgliedsstaaten die Europäische Union jedesmal neu überfordert. Nur stelle man sich die Alternative vor, wenn die Europäer es sich in ihren Grenzen bequem gemacht hätten. Man stelle sich vor, die EU würde den Betrieb als Reformmotor nicht nur drosseln (was wegen Überhitzung gelegentlich sinnvoll sein mag), sondern ein für allemal einstellen: Die Entwicklung, die daraufhin in Osteuropa oder in der Türkei einträte, wäre für die alten Europäer erst recht nicht bequem. Sie wäre dramatisch.

Meine Eltern sind vor über fünfzig Jahren zum Studium von Iran nach Deutschland gekommen. Sie sind bestens integriert, bemühen sich um Toleranz und Verständigung, engagieren sich sozial, sprechen gut Deutsch – fromme Muslime nach dem europäischen Bilde. Sie sind froh, in Deutschland zu leben. Sie sind dankbar dafür. Aber auch nach fünfzig Jahren würden sie nicht von sich sagen, sie seien Deutsche. Ich glaube nicht, daß das nur an meinen Eltern liegt. Es liegt vielleicht auch an Deutschland. Ich selbst sage von mir selten, Deutscher zu sein. Ich bin hier geboren, ich habe seit einigen Jahren neben dem iranischen auch den deutschen Paß, die Sprache, in der ich lebe und von der ich lebe, ist Deutsch. Und dennoch geht mir der Satz, Deutscher zu sein, nicht oft über die Lippen. Allenfalls sage ich's im Doppel, beinahe entschuldigend: Deutsch-Iraner. Mein Cousin, der seit acht Jahren in den Vereinigten Staaten lebt, sagt jetzt schon, er sei Amerikaner. Man wird nicht Deutscher. Als Migrant bleibt man Iraner, Türke, Araber noch in der zweiten, dritten Generation. Aber: Man kann Europäer werden. Man kann sich zu Europa bekennen, weil es eine Willensgemeinschaft ist und nicht der Name einer Religion oder einer Ethnie.

Die letzten Präsidentschaftswahlen in den Vereinigten Staaten haben der Welt vor Augen geführt, wie gemeinsame Werte die Grenzen von Rasse, Herkunft, Religion und Kultur transzendieren können. Es war nicht nur der Wahlsieg eines Bewerbers, der in mehr als einer Hinsicht einer Minderheit angehört, ein dunkelhäutiger Einwanderersohn mit dem Zwischennamen Hussein. Es war die Leidenschaft, mit der sich dieser Bewerber mit seinem Land identifiziert und es eben in seinem Anderssein zugleich verkörpert, die alle Welt verblüffte. Er hat nicht trotz, sondern wegen der amerikanischen Verhältnisse gewonnen. In den Vereinigten Staaten war Obamas Kandidatur »unwahrscheinlich«, wie er es selbst in seiner Siegesrede am Abend des 4. November nannte. In jedem anderen Land wäre sie unmöglich. Europa mit seinem Homogenisierungswahn, von dem es sich auch sechzig Jahre nach seinen großen Kollektivierungskriegen nur mühsam befreit, wird noch lange Zeit benötigen, um solche Lebensläufe hervorzubringen. Aber vielleicht lernt es seit dem 4. November 2008 etwas schneller: Identifizierung gelingt dort, wo sie nicht auf Identität hinausläuft.

Die Islamkonferenz

Gegen einigen Widerstand in der eigenen Partei und dem eigenen Ministerium hat Bundesinnenminister Wolfgang Schäuble im Oktober 2006 die Deutsche Islamkonferenz ins Leben gerufen. Wie das mit repräsentativen Konferenzen so ist: Die Teilnehmer sitzen an einem Tisch von der Größe eines Volleyballfeldes, jeder sagt sein Statement auf, und am Ende heißt es vor der Presse, es sei eine sehr intensive und lebhafte Diskussion geführt worden. Es wurden sogar einige Beschlüsse gefaßt. Nur, wenn man sich die Zusammensetzung dieser Konferenz anschaut – auf staatlicher Seite stockkonservative CSU-Politiker bis hin zu eingefleischten Multikulturalisten, auf der sogenannten islamischen Seite Vertreter eines nun wirklich sehr orthodoxen Islams bis hin zu Islamkritikerinnen, die alles am Islam einfach nur schrecklich finden –, in so einer Runde kann man nur solche Papiere im Konsens beschließen, die sehr allgemein und vage formuliert sind. Und dennoch – diese Islamkonferenz ist großartig. Daß der deutsche Staat überhaupt offiziell mit *dem* Islam spricht, ihn also wahrnimmt, sich an einen Tisch mit fünfzehn Muslimen setzt, daß der Innenminister, ein CDU-Innenminister, sich danach vor die Presse stellt und sagt: Der Islam ist ein Teil Deutschlands, ein Teil der Zukunft Deutschlands, ein

Teil der Zukunft Europas, das sind Ereignisse von hohem symbolischem Wert, die vor einem Jahrzehnt, ach was, noch unter Schäubles Vorgänger Otto Schily undenkbar gewesen wären.

Später als andere Parteien hat die deutsche Christdemokratie erkannt, daß sie die Einwanderung nicht einfach ignorieren kann. Und sie hat in den Jahren ihrer Opposition den richtigen Schluß gezogen: die Probleme nicht zu dramatisieren, sondern endlich zu bewältigen. So sehr bemüht sich die CDU heute um migrationspolitisches Profil, daß man beinahe vergißt, mit wem in Deutschland die Integrationspolitik begonnen hat, nämlich mit dem Antritt der rot-grünen Koalition im Jahr 1998. Insbesondere die Grünen und ihr intellektuelles Umfeld waren es, die früh erkannt haben, daß Einwanderung sich nicht selbst überlassen werden darf, wenn aus Migranten Mitbürger werden sollen. Sieht man von dieser oder jener schwärmerischen Äußerung ab, ist der Vorwurf der Naivität nicht nur billig, sondern falsch. Wer die ersten deutschen Bücher zur multikulturellen Gesellschaft aus den achtziger Jahren wieder liest, etwa von dem Politiker Daniel Cohn-Bendit und dem Soziologen Claus Leggewie, sich an die Debatten in der alternativen und feministischen Szene jener Jahre erinnert oder die ersten Erfolgsbücher deutsch-türkischer Autoren wie Emine Özdamar oder Feridun Zaimoglu aufschlägt, wird feststellen, daß dort bereits all die Defizite benannt worden sind, die heute gegen die multikulturelle Gesellschaft ins Feld geführt werden: die mangelnde Bildung, fehlende Sprachkenntnisse und die Diskriminierung der Frau in vielen Einwanderermilieus. Es waren vor allem Kommunal- und Landesregierungen mit grüner oder roter Beteiligung, die in Problemvierteln Frauenhäuser gefördert, Stellen für Sozialarbeiter geschaffen und Sprachkurse eingeführt haben. Während ihrer Regierungszeit ist es den Grünen gelungen, einige entscheidende Veränderungen etwa im Staatsbürgerrecht durchzusetzen, obwohl die Regierung Schröder mit Otto Schily einen Innenminister hatte, der weiterreichende Reformen herzhaft blockierte. Vor allem aber hat Rot-Grün einen Mentalitätswechsel in der Gesellschaft bewirkt, der nicht geringer zu bewerten ist als das gewachsene Bewußtsein für den Erhalt der Umwelt.

Die Neuausrichtung der CDU auf beiden Politfeldern wäre ohne dieses veränderte gesellschaftliche Klima nicht denkbar gewesen. Bei allen Unterschieden im Detail existiert heute in Deutschland ein grundsätzlicher Konsens zwischen allen etablierten Parteien, Migranten in das Gemeinwesen einzubeziehen, statt sie auszugrenzen. Daß die CDU mit ihrem Schwenk in der Integrationspolitik diesen Konsens ermöglicht hat, wird später einmal zu den historischen Leistungen der Merkel-Jahre zählen, obwohl die konkreten Maßnahmen nicht mit den hehren Bekenntnissen und medienwirksamen Gipfeln Schritt halten. In Ländern wie Italien, der Schweiz oder Dänemark existiert ein solches Einverständnis zwischen den etablierten Parteien nicht. Dort ist die politische Rechte der Versuchung erlegen, das Ressentiment aufzugreifen, statt ihm zu begegnen. Politiker, die ihren Ekel vor dem Fremden kaum verbergen, üben zum Teil Regierungsverantwortung aus und haben Parolen hoffähig gemacht, die in Deutschland zum Glück auf das Internet, auf Kleinparteien und einzelne Buchautoren beschränkt sind. Entsprechend groß ist die Polarisierung zwischen links und rechts: die Linke für Integration, die Rechte für Abwehr. Dabei steht Integrationspolitik jenseits solcher Stereotype und überhaupt der herkömmlichen Lagerbildung. Wer Menschen integrieren will, muß für die Werte und Vorstellungen der eigenen Gesellschaft so emphatisch werben, wie es traditionell nur der Rechten zugetraut wird, und zugleich offen sein für das Fremde, wie es die Linke immer für sich beansprucht hat. Es geht nicht darum, die multikulturelle Gesellschaft zu verabschieden. Es geht darum, sie endlich zu gestalten. Eine monokulturelle Gesellschaft wäre ein Alptraum.

Unabhängig von ihrem späteren Ergebnis ist die Islamkonferenz mitsamt ihren zahlreichen Arbeitsgruppen ein Prozeß, in dem die Beteiligten gewissermaßen stellvertretend für ihre Gesellschaft lernen, wie kompliziert es sich mit den Identitäten verhält. Auf der einen Seite des Tisches sitzen fünfzehn Muslime – und streiten sich untereinander so heftig, daß Wolfgang Schäuble immer wieder beruhigend einschreiten muß. Auf der anderen Seite sitzen fünfzehn Vertreter des deutschen Staates, also der verschiedenen Bundesministerien, der Länder und der Kommunen nebeneinander – und sind sich überhaupt nicht einig, was denn diese deutsche Kultur, in die sich die Muslime integrieren sollen, eigentlich ist. Die Debatten verlaufen nicht etwa zwischen den Muslimen auf der einen und dem deutschen Staat auf der anderen Seite, sondern kreuz und quer. Es gibt auf der Islamkonferenz viel Streit darüber, was der Islam ist, und dieser Streit nimmt einen großen Teil der Zeit in Anspruch und wird zum Teil auch sehr emotional geführt. Sobald ein Satz anfängt mit der Formulierung »Der Islam ist …« oder »Die Muslime sind …«, löst er Widerspruch aus. Das gleiche geschah aber auch, wann immer ein Staatsvertreter, sagen wir der CSU, die deutsche Leitkultur zu definieren versuchte, in die sich die Muslime zu integrieren hätten. Der erste Widerspruch kam vom Vertreter des Justizministeriums, der ihn darüber aufklärte, daß eine solche Normierung gar nicht mit dem Grundgesetz zu vereinbaren sei. Und die Muslime ergriffen Partei mal für die eine, mal für die andere Position. Es gab bislang keinen Streit, in dem auf der einen Seite der deutsche Staat, auf der anderen Seite die Muslime gestanden hätten. Schon nach kurzer Zeit lösten sich eben jene Frontstellungen, festen Zugehörigkeiten, klar umrissenen Identitäten auf – der Islam!, die Muslime!, unsere westliche Kultur! –, welche die Fundamentalisten auch unserer Feuilletons predigen.

Aber: Sobald wir über den Soll-Zustand sprachen, war die Einigkeit doch bemerkenswert groß. Es sind für mich mehr als nur die Konturen eines gesellschaftlichen Konsenses deutlich geworden, wie der Islam sein sollte, damit er sich integriert, und was der Staat tun müßte, damit Muslime sich integrieren können. Das beginnt mit dem eindeutigen Bekenntnis zum Grundgesetz und den darin verankerten Werten, das von allen Muslimen erwartet werden muß, und hört mit der Absage an jedweden Kulturrelativismus noch lange nicht auf. Rechtsnormen und zivilisatorische Standards dürfen nicht mit Rücksicht auf kulturelle Eigenheiten aufgeweicht werden. Die Schläge eines Vaters oder Ehemanns tun nicht weniger weh, wenn sie eine lange Tradition haben. Tätern einen kulturellen Bonus zuzubilligen, wie es in manchen Gerichtssälen geschieht, ist nur die Kehrseite des Rassismus. Es darf keine Sonderrechte für Muslime geben, weder positiver noch negativer Art. Es ist ganz klar, daß in Deutschland das staatliche Gesetz über dem religiösen Recht steht. Aber weitgehend einig waren wir uns auch, daß Muslime selbstverständlich das Recht haben, ihre Religion frei zu praktizieren, und das schließt den Bau von Moscheen ebenso ein wie die Forderung nach Islamunterricht an deutschen Schulen oder nach Ausbildung muslimischer Theologen deutscher Sprache.

Nun sind das Allgemeinplätze. Der Konsens, den wir in unserer Gesellschaft erreichen können, reicht viel weiter, wie ich vor kurzem selbst gelernt habe. Ein Mitglied der Islamkonferenz ist auch die Berliner Anwältin Seyran Ateş, deren Analysen des Islams oder pauschale Kritik an grüner und sozialdemokratischer Integrationspolitik ich oft nicht teilen konnte. Aber nun las ich ihr jüngstes Buch mit dem etwas irreführenden Titel *Der Multikulti-Irrtum,* war immer noch nicht überzeugt von vielen ihrer Analysen – aber machte die Entdeckung, daß ich fast allem, was sie konkret forderte und sich wünschte, nur beipflichten konnte, bis in die Details, von Fragen der Sprachförderung bis hin zur Gleichstellung der Frauen. Und ich glaube, daß man selbst die meisten Islamverbände für viele ihrer Positionen gewinnen könnte, jedenfalls die Mehrheit der Muslime. Vielleicht sollte man sich – durchaus auch auf der Islamkonferenz – weniger über das Ausmaß der Mißstände streiten, als sich Gedanken darüber machen, was getan werden müßte, um sie, egal, wie groß oder klein sie sind, zu verringern. Um das an einem einzelnen Thema zu veranschaulichen: Ob nun beinahe alle oder vergleichsweise wenige muslimischen Frauen in Deutschland von Zwangsheirat bedroht sind, darüber werden sich die Islamverbände und ihre Kritiker nicht einigen, sehr wohl aber darauf, daß Zwang in der Auswahl des Ehepartners prinzipiell abzulehnen ist. Also müßte es doch möglich sein, gemeinsam darüber nachzudenken, wie die vielen oder wenigen Zwangsheiraten zu verhindern wären, statt bei jeder Gelegenheit zu beklagen, daß die anderen die Probleme dramatisieren beziehungsweise verharmlosen. Umgekehrt muß man sich nicht über das Ausmaß der Diskriminierung von Muslimen einig sein, um jegliche Diskriminierung gemeinsam zu bekämpfen. Wie in den meisten Debatten wird auch in der Diskussion um den Islam leider die meiste Zeit und Energie dafür verwendet, das Unzutreffende des jeweils anderen Standpunkts zu belegen, statt darüber nachzudenken, was denn zu tun wäre.

Wohlgemerkt: Der Islam ist dabei nur einer von mehreren Aspekten der Integration. Weder sind alle Migranten Muslime, noch sind alle Menschen, die aus muslimischen Ländern stammen, deswegen schon religiös. Vor allem aber verlaufen die sozialen Probleme wie mangelnde Sprachkenntnisse, die Diskriminierung der Frauen oder Jugendkriminalität nicht entlang religiöser Linien. Um dafür nur zwei Beispiele anzuführen: Allen Untersuchungen zufolge haben Kinder italienischer Einwanderer noch größere Schwierigkeiten in den Schulen als die Kinder türkischer Einwanderer – auf ihre Religion wird das kaum zurückzuführen sein. Häusliche Gewalt ist in türkischen Familien alles andere als eine Seltenheit, und man muß darüber sprechen – aber dabei nicht unerwähnt lassen, daß die Gewaltstatistik von Aussiedler-Familien angeführt wird.

Hätte ich ein Buch allgemein über Integrationsfragen geschrieben, wäre Bildung das wichtigste Thema gewesen, nicht der Islam. Mehr als alles andere sind es die Bildungsinstitutionen, in denen Deutschland die Herausforderungen der multikulturellen Gesellschaft bewältigen wird oder eben nicht. Einiges wird sich infolge des PISA-Tests zum Besseren wenden, etwa die Ausweitung der Betreuungsmöglichkeiten in Kindergärten und Grundschulen oder die Einführung von Sprachtests rechtzeitig vor der Einschulung, sosehr es in der Umsetzung noch hakt. Ebenjene Familien, in denen die Eltern mangels Sprachkenntnissen oder eigener Qualifikation nicht in der Lage sind, den Kindern die »Nachhilfe« zu leisten, die im jetzigen Schulsystem notwendig ist, werden davon am meisten profitieren. Gleichwohl bleibt die Bildungspolitik das Gebiet, auf dem Deutschland seine Zukunft zu verspielen droht. Allein schon der Umstand, daß Kinder, die aus den unterschiedlichsten Gründen im Unterricht nicht mithalten, nach gerade einmal vier Jahren Halbtagsschule ausgesiebt und auf die Hauptschule abgeschoben werden (wenn nicht gleich auf die Sonderschule), ist ein pädagogischer und gesellschaftlicher Skandal, dessen Folgen erst nach und nach sichtbar werden, nicht nur in den Problemvierteln der Städte, sondern auch in ländlichen Regionen Ostdeutschlands. Gegen alle Vernunft und Menschlichkeit leistet es sich Deutschland, einen beträchtlichen Teil seiner Jugend von vornherein auf ein Abstellgleis zu stellen.

Ungeachtet aller politischen Eingriffe und sozialen Maßnahmen wird das jetzt entdeckte Konfliktpotential innerhalb der Gesellschaft ohnehin bestehen bleiben, weil die Einwanderung sich fortsetzen wird, ganz gleich, wie die Gesetze und Grenzkontrollen verschärft werden. Die Armuts- und Kriegsflüchtlinge, in der Regel ungebildet und selten an der neuen Kultur interessiert, werden ihren Weg in die Wohlstandsviertel der Welt zu finden wissen. Sie gänzlich fernzuhalten, setzte voraus, die Ursachen ihrer Flucht zu beseitigen, und ist vorläufig so illusorisch wie die Annahme, daß eine solche kontinuierliche Einwanderung keine ernsthaften Probleme aufwirft. Sie zu bewältigen, bedarf es allerdings eher Deutschlehrer als Islamwissenschaftler.

Richtet man den Blick auf die spezifisch religiösen Fragen der Integration, so erweist es sich als Vorteil, daß die meisten muslimischen Einwanderer aus der Türkei stammen, einer laizistischen und halbwegs funktionierenden Demokratie, die nicht ganz so viele Probleme aufweist wie die arabischen Staaten. Anders als in Frankreich, das mit seinen arabischen Migranten auch den Nahostkonflikt und die Politisierung des Islams importiert hat, sind die Muslime in Deutschland zwar häufig orthodox in ihrer Glaubenspraxis, aber im Vergleich zu den Muslimen in Frankreich oder Großbritannien selten fundamentalistisch. Die Voraussetzungen für die Ausprägung eines säkular ausgerichteten und pluralen Islams in Deutschland sind daher gar nicht schlecht. Das größte Problem für die muslimische Gemeinde in Deutschland bleibt die Bildung, weil anders als in den Ländern, die ein großes koloniales Imperium hatten, so gut wie keine Eliten eingewandert sind, sondern eben vor allem Arbeiter mit geringem Bildungsgrad und niedrigem sozialem Status. Es wird daher dauern, bis die Muslime in Deutschland eigene Eliten hervorbringen werden, die sich dann auch adäquat theologisch äußern und das Gespräch mit den Repräsentanten der anderen Religionen auf gleicher Augenhöhe führen können.

Bereits jetzt merken die Muslime, deren Religion nicht kirchlich organisiert ist, daß sie neue Organisationsformen herausbilden müssen, auch eine neue Generation von Vertretern und hoffentlich auch Vertreterinnen. Um sich in das religiösgesellschaftliche Gefüge der Bundesrepublik einzufügen, wird der Islam neue, spezifisch deutsche Strukturen benötigen, aber diese Strukturen kann man nicht einfach per Dekret beschließen. Sie müssen sich entwickeln. Eben dieser Prozeß ist durch die Islamkonferenz, in deren Verlauf sich unterschiedliche Lager gebildet haben, immerhin beschleunigt worden. Ich meine damit nicht nur die Gründung eines Koordinationsrates, in dem sich die großen muslimischen Verbände zusammengeschlossen haben. Ich beobachte auch, daß die sogenannten nichtorganisierten Muslime, die in Deutschland 80 bis 90 Prozent ausmachen, sich nicht mehr nur als Bürger, als Schriftsteller, als Filmemacher oder Ärzte artikulieren, sondern immer häufiger als Muslime. Sie sind dadurch nicht automatisch religiöser, als sie es vorher waren. Vielmehr nehmen sie ihre Verantwortung für die gesellschaftliche Gruppe wahr, der sie sich durch ihre Herkunft, ihre Erziehung und ihre Überzeugung verbunden fühlen, nicht viel anders als viele säkulare Juden in Europa, die nicht dezidiert religiös sein müssen, um sich dennoch öffentlich als Juden zu artikulieren. Mittelfristig werden sich auch die liberalen Muslime formieren, um den Orthodoxen auf der einen Seite und den türkisch-kemalistischen Islamkritikern auf der anderen Seite nicht die Deutung ihres Glaubens und die Vertretung ihrer Anliegen zu überlassen. Genauso wie in den Vereinigten Staaten wird es dann in Deutschland nicht mehr *den* Islam geben, sondern Islame für jeden, bis hin zu den muslimischen Rappern, den muslimischen Christdemokraten oder den *gay and lesbian muslims,* die es dem Buch nach nicht geben darf und dennoch gibt.

Eine spezifisch deutsche Schwierigkeit für die Einbürgerung des Islams besteht darin, daß das Verhältnis von Staat und Religion in Deutschland komplizierter ist als in vielen anderen Ländern Europas. Der deutsche Staat ist nicht laizistisch. Das erschwert eine strikte Gleichbehandlung und macht es einer neuen Religion schwerer, ihren Platz zu finden. Der französische Staat behandelt, etwas überspitzt formuliert, alle Religionen gleich schlecht. Er sagt etwa: keine religiösen Symbole in der Schule, kein Kopftuch, aber auch keine Kippa und keine Ordenstracht. Das mag nicht allen gefallen, aber niemand kann sich beklagen, daß sein Glaube benachteiligt wird, mehr noch: die Gleichbehandlung schafft Identifikation, auch wo sie schmerzt. Deshalb konnte es nach der Entführung französischer Staatsbürger im Irak zu großen Demonstrationen kommen, in denen Muslime – darunter auffällig viele Frauen mit Kopftuch – sich zum laizistischen Staat bekannten. Viele französische Muslime stellen fest, daß gerade der Laizismus sie vor Diskriminierung schützt, und verfolgen deshalb mit großer Sorge, wie der jetzige französische Präsident, Nicolas Sarkozy, mit seinem Konzept einer »positiven Laizität« die strikte Trennung von Staat und Religion in Frage stellt.

Der deutsche Staat hingegen hat traditionell bereits ein enges Verhältnis zu den Kirchen und seit 1945 auch zur jüdischen Gemeinde. Aufgrund eines langen historischen Prozesses privilegiert er bestimmte Religionsgemeinschaften. Und nun tritt eine neue Religion auf und verlangt Gleichbehandlung. Das müssen keine islamischen Feiertage oder öffentlichen Gelder für Moscheebauten sein, sondern fürs erste nur die Akzeptanz im öffentlichen Raum, die noch keineswegs erreicht ist, wie die Debatten um neue Moscheen zeigen. Nun sind solche Debatten nicht *per se* schlimm. Sie zwingen die beteiligten Muslime zur Positionsbestimmung und können damit auch zur Aufklärung beitragen. Ein öffentliches Nachdenken darüber, wie Moscheen in Deutschland aussehen können, tut ohnehin not. Viel zu oft verspielen die Gemeinden bei ihren Bauvorhaben die Chance, die architektonische Formensprache der Gegenwart aufzunehmen und damit den Gewinn an Pluralität für die Städte im denkbar konkretesten Sinne vor Augen zu führen. Ästhetisch sind viele Moschee-Neubauten der letzten Zeit leider ein Desaster. Das zu thematisieren ist nicht nur erlaubt, sondern geboten.

Problematischer ist es, wenn die Ungleichheit ins Gesetz geschrieben wird. So lassen einige Bundesländer die religiösen Symbole der Christen und Juden in den Schulen zu, verbieten aber ausdrücklich die Symbole der Muslime. Fairerweise muß man sagen, daß die Muslime auch nicht so organisiert sind wie Christen und Juden. Daher hat es der Staat, der etwa den islamischen Religionsunterricht einführen will, schwerer, überhaupt den Ansprechpartner zu bestimmen. Hier braucht es Zeit, wahrscheinlich einen Prozeß, der sich über viele Jahre zieht, bis die Muslime Organisationsformen herausgebildet haben, die sich in das deutsche Gemeinwesen einfügen. Aber eben deshalb ist die Islamkonferenz wichtig. Für den Beginn schafft sie ein provisorisches Forum, in dem der Staat erstmals offiziell mit Muslimen in einen Dialog tritt.

Zwar sind auch auf der Islamkonferenz Stimmen zu hören, die die freie Religionsausübung einschränken wollen, etwa durch das Verbot von Moscheebauten oder von islamischer Unterweisung an deutschen Schulen. Aber weder in der Konferenz noch in der Gesellschaft findet sich derzeit eine relevante politische Kraft, die mit der Abgrenzung vom Islam oder gar der Diskriminierung von Minderheiten auf Stimmenfang geht. Das versteht sich nicht von selbst, wenn man an die Niederlande oder an Österreich denkt mit dem Vormarsch der Rechtspopulisten, an Dänemark mit seinen skandalösen Gesetzen zur bi-religiösen Eheschließung oder an die Schweiz, wo die SVP die Wahl mit Plakaten gewonnen hat, die an die Bildersprache der Nazis erinnern. In Deutschland wäre die politische Partei, die für eine solche Identitätspolitik in Frage käme, die CDU, und 2008 hat es in Hessen unter Roland Koch einen letzten, schon verzweifelt anmutenden Versuch gegeben, einen Wahlkampf zu führen, der Mehrheitsdeutsche und Migranten polarisieren sollte. Aber weder in der Partei noch an den Wahlurnen hat sich diese Strategie durchgesetzt. Nein, Deutschland ist nicht ausgenommen von der weltweit zu beobachtenden Besinnung auf die eigene Identität. Aber es gibt guten Grund, zu hoffen, daß diese Welle bei uns nicht zu einer Sturmflut wird.

Anhang

Warum der Westen seine Leitkultur missionarisch ausbreiten sollte und **Warum Deutschland seinen Lehrerinnen erlauben sollte, das Kopftuch zu tragen**

Dankesrede zur Verleihung des Jahrespreises der Helga und Edzard Reuter-Stiftung, Berlin, Januar 2004

Verehrte Stifter, meine Damen und Herren,

über zwei Thesen möchte ich im folgenden sprechen:
- warum der Westen seine Leitkultur missionarisch ausbreiten sollte
- warum Deutschland seinen Lehrerinnen erlauben sollte, das Kopftuch zu tragen

Für sich betrachtet zeugt weder die erste noch die zweite These von Originalität. Ungewöhnlich aber könnte sein, sowohl die eine als auch die andere These zu vertreten. Denn wer auf dem ultimativen Anspruch der westlichen Werte beharrt, sieht in der Regel eben jenen Anspruch herausgefordert durch das Tuch auf dem Kopf einer muslimischen Lehrerin. Und umgekehrt treten die Befürworter des Kopftuchs nicht eben als Missionare europäischer Wertvorstellungen auf. Angesichts der klaren Verteilung der Debattenlager könnte mein Vorhaben geradezu als ein Beitrag zur Völkerverständigung zwischen Leitkulturalisten und Multikulturalisten durchgehen. Doch damit des intellektuellen Spagats, mit dem ich mich der Auszeichnung für Integration würdig zu erweisen hoffe, nicht genug: Ich möchte die beiden scheinbar gegenläufigen Thesen vertreten, indem ich mein Metier vorübergehend verlasse, um mit zwei Dingen zu beginnen, die mindestens einem der beiden Stifter vertraut sein dürften: Geld und Limousinen. Letztere kommen allerdings nicht aus Stuttgart-Zuffenhausen, um es gleich zu sagen, sondern aus Sochaux in Frankreich. Aber der Reihe nach und damit zum Erstgenannten: zum Geld, genau gesagt, zum Preisgeld, das ich erhalte.

Ohne Sie mit Zahlen zu belästigen, soviel darf ich verraten: Für meine Verhältnisse handelt es sich um viel Geld. In Stuttgart-Zuffenhausen mag das anders sein. Aber bei uns in Köln-Eigelstein würde man sagen: »Dat izzene lecker Sümmsche.« Noch in der Minute, in der ich die Nachricht erhalten habe, auf so ehrenvolle Weise ausgezeichnet worden zu sein, habe ich mich deshalb gefragt: Was mache ich mit dem Geld? Mir fehlt doch gar nichts. Eine Wohnung in der schönsten Stadt Deutschlands habe ich, eine ausgezeichnete Stereoanlage ebenso. Ich kann mir samstags die besten Plätze im Müngersdorfer Stadion leisten, um den 1. FC Köln tapfer verlieren zu sehen, und für den Abend in der Stammkneipe reicht es auch. Größere Anschaffungen stehen nicht an – und damit komme ich zum zweiten Gegenstand, von dem mindestens einer der beiden Stifter viel versteht. Ich fahre bereits das schönste Auto der Welt: einen Peugeot 605, Baujahr 1990. Das Jahr der Einheit. Das Jahr, in dem der Westen sich weit nach Osten ausgebreitet hat. Ich fand das immer gut, von vornherein. Ich saß vor dem Fernseher meiner Studentenwohnung und dachte: Wunderbar. Weg mit den Greisen! Nieder mit den Statuen! Runter mit den Uniformen! Stoppt die Paraden! Malt den Diktatoren Schurrbärte aufs Plakat! Her mit den Bildern von ihren vergoldeten Toiletten!

Das ist ein Impuls, den ich mir bis heute bewahrt habe: die Freude darüber, daß die Vergangenheit beendet ist, wie schlecht die Zukunft auch sein mag. Auch als zuletzt jener Diktator, dem man keinen Schnurrbart anmalen mußte, weil er wie alle Mitglieder seiner Partei bereits einen trug, plötzlich mit einem Vollbart auftrat, empfand ich weder Mitleid noch Nostalgie. Natürlich gibt es immer Dinge zu bemäkeln. Natürlich hatte Oskar Lafontaine recht und verlief der Einigungsprozeß desaströs. Natürlich haben die Vereinigten Staaten bei ihrem Einmarsch im Irak falsch gemacht, was falsch zu machen war: Jeder, der als unabhängiger Beobachter im Irak war, schüttelt den Kopf über das offenkundige Mißmanagement der Besatzung. Natürlich gibt es bessere Autos als einen Peugeot 605, Jahrgang 1990, bei dem ich vor jeder längeren Fahrt das Kühlwasser nachfüllen muß. Jeder, der im Sommer die Klimaanlage in meinem Wagen anstellt, schüttelt den Kopf über die französische Technik. Es gibt immer etwas Besseres. Saddam Hussein wäre besser von seinem eigenen Volk gestürzt worden. Ein Peugeot 607 ist noch schöner als ein 605er, zumal er serienmäßig über ein Navigationssystem verfügen dürfte, wie es nicht einmal den Amerikanern im Irak zur Verfügung zu stehen scheint – aber einen 607 zu kaufen, dafür reicht nicht einmal das Preisgeld der Helga und Edzard Reuter-Stiftung.

Ich überlegte also: Was tue ich mit dem Geld? Und entschied: Ich kaufe ein altes Haus in Isfahan. Meine Familie stammt aus Isfahan, und wenn es Sie bis jetzt gestört hat, daß ich immerfort vom Geld rede, kann ich mich gut kulturalistisch verteidigen: Die Isfahanis gelten als die Schwaben Irans. Nun gut, nicht alle Schwaben sind so, verehrte Stifter. Aber alle Isfahanis. Ausnahmslos alle. Das sagen jedenfalls alle anderen Iraner über uns. Wir sind nach allgemeinem Dafürhalten extrem geizig, denken immer nur ans Geld und hauen jeden anderen Iraner übers Ohr, mit Vorliebe die türkischen Iraner, die Aserbaidschaner also. Meine Frau ist eine solche Türkin mit iranischem Paß. Ich kann vor solchen Doppelidentitäten nur warnen. Da besuche ich die Familie meiner Frau in Teheran, und meinen Sie, ich würde ein Wort verstehen? Die sprechen dort alle türkisch. Mitten in Teheran. Abgründe der Reformunfähigkeit tun sich auf. Eine erschreckende Parallelgesellschaft, vollständig integrationsresistent. Kompromißlose Dialogverweigerung. Schickt mir Claudia Roth, und ich zeige ihr die Grenzen der Integrierbarkeit auf. Mit den Türken ist schon keine Familie zu machen, wie ich erfahren mußte – wie dann erst eine politische Union?

Die Isfahanis würden die Türken aber ohnehin nicht in die EU aufnehmen – zu teuer. Mit Isfahan hätte es allerdings auch keine deutsche Einheit gegeben – ebenfalls zu teuer. Dann müßten Sie immer noch Egon Krenz ertragen. Seien Sie also froh, daß Deutschland von keinem Isfahani regiert wird – obwohl, andererseits, in Anbetracht der Verschuldung mag ein isfahanischer Bundeskanzler durchaus eine Verlockung sein. Aber ich mach's nicht, ich sag es gleich, denn sonst müßte ich wieder von Köln nach Berlin ziehen. Das habe ich schon mal getan, aber nach drei Jahren hatte ich von der Grunewalder Idylle genug. Bei uns im Eigelstein lacht mich wenigstens niemand aus, wenn ich mein täglich Kühlwasser in den Peugeot schütte. Das machen dort alle so, schließlich lebe ich im Türkenviertel, und wenn ich meine Nachbarn sehe, muß ich konstatieren: definitiv inkompatibel mit der EU. Die sind der Tod für jeden TÜV. Sogar meinen Peugeot hat der türkische Mechaniker von gegenüber an den deutschen Prüfern vorbeigeschmuggelt – da kann man sich denken, was die Türken mit den Brüsseler Verordnungen zur Streichholzschachtelfülle oder Butterdosengröße anstellen. Dann schon eher die isfahanischen Sparfüchse.

Aber zum EU-Beitritt der Türkei wollte ich mich gar nicht

äußern. Das überlasse ich den Türkei-Experten, die unter deutschen Historikern und CDU-Abgeordneten zur Zeit wie Wasser aus meinem Kühler schießen. Ich möchte auch kein Plädoyer abgeben zur Aufnahme Isfahans in die Europäische Union. Nein, zur Völkerverständigung wollte ich mich äußern, schließlich bin ich dafür ausgezeichnet worden. Und zwar ist das so: Da ich zur Verständigung zwischen Kölnern und Berlinern nichts beitragen konnte, beschloß ich, in Isfahan ein Haus zu kaufen, auf daß mir die Verständigung zwischen Deutschen und Iranern besser gelänge.

Es gibt in Isfahan tausendsechshundert denkmalgeschützte Wohnhäuser aus der Zeit der Safawiden und Kadscharen. Jedes von ihnen ist ein Palast, ein Museum, ein Triumph des Individualismus. Jedes ist anders und jedes scheint vollkommen in seiner architektonischen Harmonie. Die Miniaturen, Stuckarbeiten, Iwane, Kuppeln und Deckengewölbe, die Glas- und Spiegelarbeiten, die Einlegearbeiten und Wandgemälde, die in diesen jahrhundertealten, Touristen fast nicht zugänglichen Häusern zu finden sind, rauben einem den Atem – vor Schönheit, vor Staunen, wieviel Mühe sich Menschen einst gemacht haben, um die Sinne täglich zu liebkosen, und vor Scham, weil man unweigerlich an die Einfallslosigkeit heutiger iranischer Gebrauchsarchitektur denkt. Und jedes dieser Häuser hat einen großen Innenhof, mit Blumenbeeten, mit Rosensträuchern, mit Granatapfelbäumen. Es sind Häuser, in denen sich die Sehnsucht der Menschen nach dem Paradies ausdrückt – es sind 1600 kleine Gärten Eden.

Leider ist die Wohnwelt, von der ich spreche, zum größten Teil Vergangenheit. Im zwanzigsten Jahrhundert haben die meisten Isfahanis das Bewußtsein vom Wert ihrer ästhetischen und architektonischen Tradition verloren. Gewiß, die großen Denkmäler und Moscheen der Stadt wurden gepflegt, schon um Touristen anzulocken. Aber im Alltag verliert Isfahan sein Gesicht: mit jeder Schneise, die zum Bau einer Hauptstraße mitten durch die gewachsenen Wohnviertel geschlagen wird; mit jeder Holztür, die man gegen ein Eisentor austauscht; mit jedem alten Haus, das einem Appartementblock weicht. Ökonomisch sind die alten Häuser fast wertlos; viel zu wenig Wohnraum auf zuviel Platz. Wertvoll sind die Grundstücke. Die meisten Eigentümer empfinden es daher als Fluch, wenn der Staat ihr Haus zum Denkmal erklärt, denn dann dürfen sie es nicht einfach durch einen Neubau ersetzen. Aber selbst wo der Staat beschließt, das Haus zu schützen, lassen sich Wege finden, es niederzureißen: man läßt es leerstehen, man läßt im Winter den Gartenschlauch tagelang ins Haus laufen, man läßt dem Beamten ein paar tausend Euro vom Gewinn – und schon hat Isfahan ein weiteres Stück seiner Vergangenheit vernichtet.

Aber es sind nicht nur ökonomische Gründe. Wer es sich leisten kann, will heute modern wohnen – und modern, das heißt in der Regel in einem Appartement, mit Wohnküche und Aufzug, mit Parkettboden und Gardinen, Klimaanlage und Etagenheizung. Es sind alte Leute, Greise, die nicht mehr anders als unter Kuppeln leben möchten, wo die Kuppeln doch die Klimaanlage überflüssig machen. Wehmütig sprechen sie von den Abenden der Großfamilie unter dem Granatapfelbaum; sie verstehen nicht, wie ihre Kinder oder vielleicht sogar sie selbst – als sie jung waren und noch Toren – freiwillig auf den Duft der Rosen und das Plätschern des Wassers verzichten konnten. Die alten Leute, die Greise, die ihr Leben lang vielleicht nie aus Isfahan herausgekommen sind, wissen um den Wert und die Lebensqualität der alten Wohnhäuser. Man braucht Isfahan also nie verlassen zu haben, um das Bewußtsein zu haben. Oder man muß um die Welt gereist sein, um das Bewußtsein zu erlangen: Architekten, die im Westen studiert haben, Isfahanis, die von Reisen die Sanierung europäischer Altstädte kennen, Iraner, die im Westen leben. Hier und da kauft einer von ihnen ein altes Haus, renoviert es, vielleicht um selbst darin zu wohnen, vielleicht um sein Büro dort zu haben, vielleicht um ein

Restaurant oder ein Café zu eröffnen. Hier und da fliegt einer aus Köln nach Isfahan, um von seinem Preisgeld eines dieser Häuser vor der Abrißbirne oder dem Gartenschlauch zu retten.

Im November war ich eine Woche in Isfahan. Eine Woche lang hörte ich immerfort, wie unpraktisch diese alten Häuser seien. Es brauchte eine Weile, bis ich den Makler davon überzeugen konnte, daß ich ein altes Haus nicht etwa kaufen wollte, um es abreißen und einen Appartementblock an seine Stelle setzen zu lassen.

– Sie wollen darin leben? fragte der Makler.

– Ja, antwortete ich.

– Ach.

– Ist das so ungewöhnlich?

– Nein, nein. Aber das Haus steht unter Denkmalschutz, das können Sie nicht einfach abreißen.

– Eben deswegen möchte ich es ja kaufen.

– Aber dann können Sie es nicht weiterverkaufen.

– Ich möchte es ja auch nicht weiterverkaufen, sondern es renovieren und meine Wasserpfeife im Garten rauchen.

– Wasserpfeife? Sie rauchen Wasserpfeife?

– Ja, Wasserpfeife.

Der Makler schaut mich schweigend an.

– Na ja, sagt er schließlich, es finden sich immer Wege, so ein Haus abzureißen.

– Ich möchte es nicht abreißen, sondern renovieren.

– Ach so.

Ich blicke den Makler an und weiß genau, was er denkt: Die spinnen, die Westler. Er findet mich sympathisch, er will mir weiterhelfen, er beginnt nachzudenken.

– Ich habe da ein wirklich todschickes Haus an der Hand, genau das, was Sie suchen: Sie können morgen einziehen. Und alt ist es auch, praktisch aus der Steinzeit.

– Wie alt denn?

– Dreißig, vierzig Jahre mindestens.

– Nein, ich meine wirklich alt.

– Richtig alt?

– Ja, aus Lehm, und mit einem Brunnen und einem Granatapfelbaum im Innenhof.

– Sie haben vielleicht Ideen. Möchten Sie eine Winston?

– Nein danke, ich rauche Wasserpfeife.

Ein paar Minuten später erklärt der Makler seinem Kollegen, wonach ich suche:

– Ja, eines von diesen alten Häusern.

– Wieso das denn? Will er es abreißen lassen?

– Nein, der Herr ist aus dem Westen.

– Ach so. Aus dem Westen.

Stimmt! Ich komme aus dem Westen. Es ist ein westliches Bewußtsein, mit dem ich durch Isfahan streife. Es ist ein westliches Bewußtsein, das meine Freunde in Isfahan haben, die mich anstifteten, ein altes Haus zu kaufen. Sie alle sind weitgereist und wünschen sich, daß Leute wie ich, die von auswärts kommen, ihre Ideen in die Stadt tragen. Und sie wissen: Hätte ich ein Haus in Isfahan, würden unsere Freunde aus dem Westen es nutzen, sie würden die Stadt besuchen, eine Zeitlang dort leben und ihre westliche Kultur gerade dadurch verbreiten, daß sie die Größe der lokalen Kultur entdecken. Das ist gut für die Stadt, sagen sie. Wenn die Westler sich für die alten Häuser begeistern, werden auch immer mehr Isfahanis beginnen, sich für die Häuser zu interessieren.

Das Haus, das ich kaufen wollte, sollte unbedingt in Dscholfa sein. Dscholfa ist das armenische Viertel Isfahans, das Christenviertel. Ich dachte immer, wenn ich schon ein Haus in Isfahan kaufe, dann dort – nicht nur, weil es ein besonders ruhiges und schönes Viertel ist oder weil es sich dort freier leben läßt als in den übrigen Vierteln der Stadt. Die Freunde aus dem Westen, die mich in Isfahan besuchen würden, würden in der Nachbarschaft von dreizehn Kirchen wohnen. Sie würden auf die Straße treten und Armenisch hören. Ohne daß ich noch

Worte verlieren müßte, würden sie den größten der vielen Reichtümer Isfahans erkennen: Die Vielfalt, die diese Stadt bietet, den Reichtum des Individualismus, die Partikularität nicht bloß der Architektur, sondern wichtiger noch der Weltanschauungen und Lebensentwürfe. Fünf Religionen und vier Sprachen beherbergt Isfahan: neben den Muslimen die Christen in Dscholfa, die Juden mit ihren zwanzig Synagogen allein im Stadtteil Dschubareh, die Zoroastrier und die Baha'is; außer dem Neupersischen das Armenische, das alte Persisch der Juden und das noch ältere Persisch der Zoroastrier. Man muß nichts idealisieren, auch Isfahan hat Massaker und Vertreibungen erlebt, und nach der Islamischen Revolution ist die Situation insbesondere für die Baha'is unerträglich geworden. Aber wenn man alten Reiseberichten glaubt und mit Menschen von heute spricht, hat sich Isfahan von anderen iranischen Städten auch dadurch unterschieden, daß es Vielfalt für selbstverständlich hielt – so wie das kölsche Versprechen, daß jeder Jeck anders ist, von den Kölnern vielfach verraten worden ist und doch das Lebensgefühl der Stadt bis heute ausmacht.

Das Zusammenleben von Menschen unterschiedlicher Religionen, Ethnien und Sprachen besteht in Isfahan bis zum heutigen Tag fort – ja, es ist noch immer selbstverständlich. Zu selbstverständlich, wie mir gelegentlich scheint, so selbstverständlich wie die alten Häuser, um deren Erhalt sich nur wenige Menschen kümmern. Meinen Cousinen fällt kaum auf, wie besonders diese Vielfalt ist; sie haben immer schon ihre jüdischen oder christlichen Freundinnen gehabt. Ich bin es, dem es auffällt. Und natürlich fällt es mir aus keinem anderen Grund auf als dem, daß ich aus dem Westen komme. Gewiß ist die Toleranz dem Westen nicht in die Wiege gelegt gewesen. Aber nun, da der Westen seine ursprüngliche kulturelle und religiöse Vielfalt bereits weitgehend vernichtet hat, ist die Toleranz – bei allen gravierenden Mängeln – hier doch eher verwirklicht als irgendwo anders auf der Welt. Als Muslim genieße ich in meiner Heimatstadt Köln Freiheiten, die einem Christen in meiner Heimatstadt Isfahan verwehrt sind – angefangen von der Freiheit der Kleidung bis zur Freiheit, Staatsoberhaupt zu werden oder auch nur Bürgermeister. Ich wünsche mir, daß sich diese westliche Freiheit überall in der islamischen Welt durchsetzt. Die meisten Iraner wünschen sich das.

Ich wünsche mir, daß sich mein westliches Bewußtsein ausbreitet und Isfahan seine religiöse und ethnische Vielfalt nicht bekämpft und auch nicht nur duldet, sondern die Partikularität bejaht, sie feiert, sie schützt. Demokratie, Gewaltenteilung, die weltanschauliche Neutralität des Staates, Toleranz, Menschenrechte und die Gleichberechtigung der Geschlechter sind Prinzipien, die sich in den letzten Jahrhunderten im Westen herausgebildet haben, aber universelle Geltung haben. Der Westen muß diese Werte in keinem Dialog der Kulturen aufgeben oder sie relativieren. Im Gegenteil: Er sollte für sie einstehen und sie missionarisch vertreten. Eine so verstandene Leitkultur zu expandieren ist besser, als wenn sich die Kulturen autochthon verstümmeln. Deshalb ist die Vorstellung der amerikanischen Neokonservativen, dem Relativismus abzuschwören, von doppelten Standards abzulassen, Demokratie notfalls auch mit Zwangsmaßnahmen durchzusetzen, im Kern richtig, wie der Jubel der Menschen in Kabul über die Befreiung von den Taliban gezeigt hat oder genauso die Freude der Iraker über die gestürzte Statue Saddam Husseins. Falsch, ja verhängnisvoll sind die Mittel. Europa sollte eine eigene Vision entwickeln, wie auch in anderen Städten die Tyrannenstatuen stürzen, ohne daß deren Staaten in Chaos und Krieg versinken.

Was immer Ihnen westliche Experten und muslimische Fundamentalisten wortgleich einreden wollen: Die Anziehungskraft von Demokratie, Rechtsstaatlichkeit und Meinungsfreiheit ist auch in der islamischen Welt um ein Vielfaches größer als die Anziehungskraft der Terroristen. Das Entscheidende dabei ist: Diese Anziehungskraft beruht nicht auf dem Wunsch nach Verwestlichung, sondern auf dem Wunsch nach Selbstbestimmung. Demokratie mag als Staatsmodell aus dem Westen stammen, aber es hat zum Ergebnis die Autonomie einer Gesellschaft. Für den Westen kann dies durchaus zum Dilemma werden, wie die Vereinigten Staaten gegenwärtig im Irak erfahren; ein wirklich freier Irak würde seine Ölpolitik bestimmt nicht von amerikanischen »Beratern« diktieren lassen. Aber genau in diesem Dilemma liegt auch das Erfolgsgeheimnis der westlichen Leitkultur: Indem sich ihre Werte und Artikulationen von einer spezifischen Religion abgelöst haben, sind sie offen genug, um in andere Kulturen der Welt übersetzt zu werden, ja mit diesen Kulturen zu kongruieren, ihren westlichen Ursprung hinter sich zu lassen. Wer heute in Isfahan für religiöse Toleranz streitet, orientiert sich am westlichen Modell und deckt dabei doch ein Stück der Vergangenheit Isfahans auf. »Die lobenswerteste ihrer Eigenschaften«, schrieb der Franzose Jean Chardin im siebzehnten Jahrhundert über die Isfahanis, »ist ihre Güte Fremden gegenüber; den Empfang und den Schutz, den sie ihnen gewähren, ihre umfassende Gastfreundschaft und ihre Toleranz in bezug auf die Religion.« Das Staunen über die Glaubensvielfalt der Stadt, ihren »besondern Freisinn in Religionssachen«, wie Goethe im *West-östlichen Diwan* schrieb, findet sich in zahlreichen Reiseberichten jener Zeit. Es ist wie mit dem alten Haus in Isfahan: Diejenigen, die sich heute um den Erhalt der traditionellen Architektur bemühen, sind keine Traditionalisten – es sind jene, die wie ich durch den Westen und seine Kultur geprägt worden sind.

Die westliche Leitkultur, für die es zu streiten und zu werben gälte, hat ihr Spezifikum darin, daß sie – anders als die Religionen mit ihrem notwendigen Anspruch auf Allgemeingültigkeit – auf der Partikularität beruht. Damit erlaubt Europa gerade auch die Partikularität der Religionen. Europa und der Westen insgesamt haben als vielleicht wichtigste Errungenschaft ein Staatsmodell entwickelt, das die unterschiedlichen Religionen und Weltanschauungen nicht nur duldet, sondern radikal gleich behandelt, in ihrer Akzeptanz wie in ihrer Beschränkung – gleich behandeln sollte, jedenfalls. Die gegenwärtige Überlegenheit und der Leitanspruch westlicher Kultur würden sich darin erweisen, daß sie Muslimen jene Freiheit gewährt, die Christen in islamischen Ländern oft nicht haben. Ich denke, damit habe ich für heute genug gesagt zu der zweiten These, die ich eingangs annonciert hatte: Warum Deutschland, sofern es nicht generell religiöse Symbole aus den Schulen verbannt, seinen Lehrerinnen erlauben sollte, das Kopftuch zu tragen.

Dieses Buch beruht in wesentlichen Teilen auf einem Vortrag, den ich auf Einladung des Kulturwissenschaftlichen Instituts Essen am 4. Dezember 2007 im Essener Grillo-Theater und anschließend in einigen anderen Städten gehalten habe. Kurzfassungen davon sind in der *Süddeutschen Zeitung* und in einem *Spiegel Special* erschienen. Darüber hinaus sind zahlreiche andere Artikel und Reden in das Manuskript eingeflossen, die zumeist in der *Zeit* und in der *Süddeutschen Zeitung* abgedruckt waren. Ich habe sie allerdings durchweg stark bearbeitet und erweitert.